U0459624

本书获得"2019年北京高等教育'本科教学改革创新项目':
基于国际认证范式的新商科人才培养模式优化及质量提升的探索实践"项目资助
本书获得北京市教育科学"十三五"规划2016年度重点课题
《AACSB认证与市属高校商科人才培养质量提升策略研究》（项目编号CADA16041）项目资助
本书获得北京联合大学教学改革重点课题"数字经济时代新商科人才培养体系
构建与实践"（项目编号JJ2019Z001）项目资助

AACSB认证视角下 地方高校商科人才培养 质量提升的策略研究

AACSB RENZHENG SHIJIAOXIA

DIFANG GAOXIAO SHANGKE RENCAI PEIYANG

ZHILIANG TISHENG DE CELUE YANJIU

杨 宜/等著

中国财经出版传媒集团

经济科学出版社

Economic Science Press

图书在版编目（CIP）数据

AACSB 认证视角下地方高校商科人才培养质量提升的
策略研究/杨宜等著 . —北京：经济科学出版社，2020.7
ISBN 978 - 7 - 5218 - 1598 - 6

Ⅰ. ①A…　Ⅱ. ①杨…　Ⅲ. ①地区高校 - 贸易 -
人才培养 - 教育质量 - 研究 - 中国　Ⅳ. ①F7 - 4

中国版本图书馆 CIP 数据核字（2020）第 086950 号

责任编辑：孙怡虹　何　宁
责任校对：齐　杰
责任印制：李　鹏　范　艳

AACSB 认证视角下地方高校商科人才
培养质量提升的策略研究
杨　宜　等著

经济科学出版社出版、发行　新华书店经销
社址：北京市海淀区阜成路甲 28 号　邮编：100142
总编部电话：010 - 88191217　发行部电话：010 - 88191522
网址：www. esp. com. cn
电子邮件：esp@ esp. com. cn
天猫网店：经济科学出版社旗舰店
网址：http: //jjkxcbs. tmall. com
北京季蜂印刷有限公司印装
710 × 1000　16 开　8. 25 印张　160000 字
2020 年 9 月第 1 版　2020 年 9 月第 1 次印刷
ISBN 978 - 7 - 5218 - 1598 - 6　定价：38. 00 元
（图书出现印装问题，本社负责调换。电话：010 - 88191510）
（版权所有　侵权必究　打击盗版　举报热线：010 - 88191661
QQ：2242791300　营销中心电话：010 - 88191537
电子邮箱：dbts@ esp. com. cn）

前　言

新时代，经济全球化日益加速让世界更加紧密地联系在一起，高等教育通过推进国际化办学不断适应国际经济文化交流与合作的新形势。专业认证是国际通行的教育质量保障制度，参与商学院国际认证已成为商科教育追求卓越、增强国际竞争力的一种重要战略手段。但正如鲁迅先生所言："只有民族的，才是世界的。"在日益成熟的商学院布局中，地方商学院必须明确自身的优势和特色，紧密结合区域经济社会发展需求，设定适当的使命、愿景、目标和战略，建构有特色的人才培养体系，形成一条国际化与本土化相融合的和谐发展之路。在这方面，国际高等商学院协会（The Association to Advance Collegiate Schools of Business，AACSB）认证提供了一个很好的范式。

AACSB 成立于 1916 年，是全球首屈一指的商学院和会计项目非政府认证机构。AACSB 认证的宗旨是"使命驱动，持续改善"，并且强调要在三个关键领域进行持续的质量改善：参与（engagement）、创新（innovation）和影响（impact）。虽然是全球认证，但"使命驱动"钉牢了商学院的个性化和地方性，而其对使命在教学、科研和人才培养各个领域贯彻实施的评估评价进一步驱动了商学院的内涵建设和质量提升。因此，AACSB 认证真正实现了"国际范式"和"地方实践"的深度融合，为培养既具备国际视野又符合地方经济建设需求的商务人才奠定了模式基础。

地方商学院确定定位与使命时，需要充分考虑"地方"这个概念。它不仅是一种行政区域或地理范围的概念，在人文地理学语境中它是一种"感知的价值中心"，以及社会与文化意义的载体。广义来说，无论是部属还是省属高校，都是基于人文地理概念的"地方"去认识"我是谁"从而确定自己的身份和使命。高端商学院可能依托一个较大范围的"地方"如中国或亚太地区，而国内诸多从属于各省（区、市）的地方商学院则必须清醒地认识到其所在区域的管理实践才是自己"感知的价值中心"和身份认同的建构基础。

2014 年 4 月，北京联合大学商务学院正是基于这样的"地方"认知，以学校"建设高水平、有特色、北京人民满意的城市型应用型大学"为起点，深度感知嵌入北京经济社会网络的价值依托，明确并发布了"践行社会责任、培养商界骨干、推动应用创新、服务区域发展"使命和"成为深受业界好评的国际化商学院"愿景。近年来，学院一直以 AACSB 认证为抓手，遵循使命驱动宗旨不断推动"借鉴国际范式、践行以本为本、提升人才培养质量"的实践，以期走出一条适合中国地方商学院的国际化建设之路。学院在认证道路上取得的建设成果不仅得到了国际认证组织的认可（AACSB 官方曾表示希望能看到更多以教学为主的地方高校参与并最终获得认证），也赢得了国内同仁们的关注和业界专家的好评。为推动国内地方高校在内涵发展、国际化建设等方面的交流学习与研究实践，学院还携手上海理工大学管理学院于 2018 年底共同发起成立了"高水平应用型高校商学院国际化建设研究联盟"，搭建了一个相互借鉴、共同提高的研究与合作平台，共同探索"国际范式、中国特色、本土实践"的地方商学院发展道路。目前，加入该联盟的国内高校经管学院或商学院已达 55 所，共同探讨的内容涵盖专业认证、学习品质保障（assurance of learning, AoL）体系构建、一流专业和一流课程建设等多个方面，基本形成了一个典型的地方高校商学院发展研究学术共同体。

本书内容依托于 2016 年立项的北京市教育科学规划课题"AACSB 认证与市属高校商科人才培养质量提升策略研究"成果，在梳理人才培养质量和商科人才培养特征等基本概念的基础上，对比分析了几所通过 AACSB 认证的商学院质量保障体系，并以北京联合大学商务学院认证实践作为行动研究对象，总结提炼了地方高校商科人才培养质量保障体系的构建和质量提升策略，试图为诸多国内地方高校的商学院内涵建设提供可借鉴的经验和参考。本书力图以个案挖掘的方式，初步诠释"高大上"的商科国际顶级认证如何走入"寻常百姓家"（地方高校商学院）的路径和策略。通过本书，既可认知 AACSB 认证的基本精神和标准框架，了解全球商科最佳实践的基本范式，也可体察国际标准与地方特征的融合重构，为地方商学院的国际化建设寻找可行的解决方案。在此诚挚欢迎广大专家同仁进行交流，不足之处敬请批评指正。

本书写作分工如下：杨宜（全书总体策划与定稿、第 4 章、第 5 章）；陈建斌（第 1 章、第 3 章）；孙洁（第 2 章、第 3 章）；郑丽（第 4 章、第 6 章）；翟晶（第 5 章、第 6 章）；林妍梅（第 7 章及全书统稿）。限于时间与研究水平的关系，本书难免有不当之处，请各位读者不吝赐教。

2020 年 3 月 3 日

目　　录

第1章　绪论 ··· 1

   1.1　选题缘由及研究背景 ··············· 1

   1.2　国内外研究与实践现状 ··········· 3

   1.3　研究内容和意义 ······················ 5

第2章　地方高校商科人才培养质量的核心概念及相关理论研究 ········· 7

   2.1　核心概念界定 ·························· 7

   2.2　人才培养质量观 ······················ 12

   2.3　人才培养质量要素分析 ············ 17

   2.4　地方高校商科人才培养 ············ 18

第3章　AACSB 认证与商科人才培养质量 ················· 22

   3.1　AACSB 认证的理念及核心精神 ·········· 22

   3.2　AACSB 认证标准的关注重点 ·········· 23

   3.3　AACSB 认证与商科人才培养质量提升 ········· 25

第4章　地方高校商科人才核心能力特征的调查研究 ········· 29

   4.1　人才培养质量与人才核心能力的逻辑关系 ········· 30

   4.2　关于商科人才核心能力的调研分析 ·········· 33

   4.3　关于地方高校商科人才能力特征的研究结论 ········· 42

第5章　AACSB 认证标准下高校人才培养质量保障体系的比较 ········· 44

   5.1　AACSB 认证标准下的质量保障体系 ·········· 44

   5.2　岭南大学案例分析 ···················· 46

   5.3　辅仁大学案例分析 ···················· 50

   5.4　上海理工大学案例分析 ············ 54

第6章 基于 AACSB 认证提升人才培养质量的案例研究 ···················· 58

  6.1 北京联合大学商务学院 AACSB 认证历程 ············· 58

  6.2 北京联合大学商务学院人才培养质量提升战略规划的
    设计与实施 ································· 63

  6.3 北京联合大学商务学院学习品质保障体系的构建 ········· 68

  6.4 北京联合大学商务学院人才培养质量的第三方评价 ········ 72

第7章 地方所属高校商科人才培养质量提升的策略研究 ··············· 78

  7.1 地方所属高校商科人才培养质量提升的标准选择 ········· 78

  7.2 AACSB 认证视角下地方所属高校商科人才培养质量提升的
    关键环节 ································· 81

  7.3 AACSB 认证视角下地方所属高校新商科人才培养质量的
    提升策略 ································· 87

附录 ··· 101

参考文献 ··· 120

第1章　绪　　论

本书旨在从国际高等商学院协会（The Association to Advance Collegiate Schools of Business，AACSB）认证视角出发，通过比较研究等方法，阐释使命驱动下地方所属高校（以下简称"地方高校"）商科人才培养质量的内涵、目标、特征、教育教学管理机制，探索其持续改进的一般规律和操作经验，提出既符合地方社会经济发展人才需要又符合商科国际认证标准的商科人才培养策略，为商科人才培养的科学化、国际化、特色化提供理论依据及实践参考。

1.1　选题缘由及研究背景

1.1.1　北京经济社会发展的人才需求

北京现代服务业发展迅速，第三产业增加值不断提高。2018 年，北京市地区生产总值（GDP）达 2.8 万亿元，其中第三产业独占 80.6%；现代服务业占第三产业的 70% 多，已成为北京的第一大支柱产业。早在 2015 年 5 月，国务院批复《北京市服务业扩大开放综合试点总体方案》，北京成为全国首个也是目前唯一一个服务业扩大开放综合试点城市。试点 4 年来，北京服务业开放的广度和深度不断拓展：放宽股比限制、准入条件和经营范围，企业投资天地更广阔；优化营商环境，跨境贸易便利化水平不断提升；开辟知识产权融资通路，中小文创企业融资更便利等，服务业占 GDP 的比重超过了 81%，以服务经济为主导的发展格局得到了进一步巩固。北京市围绕"开放促改革，改革优环境，环境促发展"这条主线，通过高水平开放促进服务业的体制机制改革，不断吸引更多国际高端资源聚集北京，催生了一批服务业新主体新业态落地北京，服务业对经济发展的带动作用进一步增强。

一方面，北京市建设"全国科技创新中心"需要以金融、会计、营销、商务、法律等领域为主的现代服务业的快速发展,实现由"北京制造"到"北京创造"的服务保障;另一方面,北京市扩大服务业开放,更多国际高端资源聚集北京,服务业创新踊跃,经济带动作用明显。两方面趋势,都需要大量具有宽广国际视野和优秀能力素质的高端商科人才参加到北京服务业队伍中,推动服务品质和质量提升,保障"四个中心"战略定位的实现,推动北京市经济向"高精尖"结构演变。

1.1.2 高等教育国际化发展需求

自现代大学的前身中世纪大学建立之后,国际化就成为高等教育发展的一个显著特征。正是各国高等教育不断的彼此接触、相互交流、取长补短,才形成了世界现代高等教育体系。从各国教育国际化实践来看,教育国际化最早始于各国的高等教育,并由此扩展到中等教育、基础教育、职业教育等领域。高等教育国际化成为一种全球趋势,则是进入 21 世纪后随着通信、信息和交通技术的飞速发展,以及各国对高等教育发展规律认识程度的不断提高而形成的结果,西方国家在这一进程中始终走在前列。在当代,不论是发达国家还是发展中国家的大学,均通过加强国际间的沟通、交流和合作,来吸引人才和资金项目,推动提高本国高等教育质量,提升国家创新力和文化影响力,力争在国际竞争中占据有利地位。

随着经济全球化持续发展,各国经济往来异常频繁,商务人才国际化教育成为必然。全球顶尖的商学院之一——欧洲工商管理学院(INSEAD)很早就将国际化作为学院发展和改革的方向,要求工商管理类硕士研究生(master of business administratim,MBA)具有激烈的国际开放意识,掌握三门语言,力争培养学员处理多元化差异情景的能力。美国、英国等国的商学院更是将国际化内嵌于常规运营,面向全球选拔人才,面向世界配置商业资源,具有较强的引领作用。

我国现代商科教育随着改革开放和经济快速发展,一方面蓬勃发展,不断吸收世界商科教育的先进经验,引进优质教育项目;另一方面加强内涵发展,不断完善教育体系和管理制度,不断追求商科教育的现代化、科学化、国际化,并将40 多年改革开放中国企业的成功实践和管理智慧引入高校人才培养,创立了中国特色的高等商科教育范式。

1.1.3 AACSB 认证指引下的特色实践

在教育部 2018 年 1 月 30 日举行的新闻发布会上,教育部高等教育司司长吴岩表示，对于普通高等学校本科专业类教学质量，我们在《普通高等学校本科专业类教学质量国家标准》的基础上实行三级认证工作，即"保合格、上水平、追卓越"。其背景主要有四点：第一，全国教育大会的精神实质要解决的就是怎样培养人的问题。本科教育应当以人才培养为中心，做好教研、科学、社会培训服务。第二，新一轮科技革命和产业变革势不可挡。第三，高等教育即将进入普及化阶段，对人才培养提出挑战。第四，重视本科、强调本科也是适应世界高等教育改革和发展的潮流。教育部主推工科认证、师范认证，商科认证仍处于自发阶段，但未来的发展趋势已经明朗，基于认证推动学科专业内涵建设已经成为商科教育的基本范式和基本保障。

AACSB 认证是全球首屈一指的商科认证，其与欧洲质量发展认证体系（European Quality Improvement System，EQUIS）认证、英国工商管理硕士协会（Association of MBAs，AMBA）认证并称为世界三大商科教育认证，但在三项认证中，AACSB 认证因其资格最老、认证难度最大被认为含金量最高，被世界范围内各商科院校广为推崇。

AACSB 认证的专业性和权威性能够确保地方高校培养既有区域特色、又有国际视野和综合素养的商科人才。因此，地方高校推进 AACSB 认证具有较强的现实需求。但是，地方高校在认证时需要克服两大障碍：一是国际认证标准基于西方多年实践的积累和文化积淀，与国内教育体系的差异导致较大的文化障碍；二是虽然国内已经有一些部属院校通过了认证，但其主要定位高端和领军商界人才的培养，使命差异导致其认证经验对于地方高校来说借鉴性不高，导致行动障碍。本书致力于通过国内外比较研究，探索适合地方高校克服两大障碍的方法和策略，有利于推动地方高校商科教育明确办学定位、强化教学过程管理、与国际规范接轨。

因此，本书一方面能够推进 AACSB 先进教育理念与我国教育实践的高度融合，解决地方高校商科人才培养同质化、人才培养质量下滑等问题；另一方面能够通过国际权威机构指导认证，快速提升地方高校的办学品质和国际化水平。

1.2 国内外研究与实践现状

本书从国际比较视角，在 AACSB 认证体系下研究地方高校商科人才培养质量的提升策略。因此，有必要首先梳理人才培养质量的研究现状、商科人才的培养特征以及基于 AACSB 认证提升人才培养质量的主要成果。

1. 人才培养质量

国内外对人才培养质量的研究主要有：内涵（尹宁伟，2012；周小理和姜超，2013；冯晓丽，2019）、评价（赵琳和史静寰等，2012；李青等，2014）和保障（杨伟军等，2012；林健，2014）等方面。人才培养质量主要有三种观点：发展观认为，我国先后经历了全面发展质量观、全面素质质量观、多元化质量观三阶段（孙崇正等，2009），体现了逐渐尊重个体发展的教育趋势（周小理和姜超，2013）。要素观认为，知识、能力、素质是高等教育人才培养质量的基本内容（马万民，2008）。能力观则认为，人才质量体现在基本能力、专业能力和综合素质方面（孙泽平和何万国，2010）。

近年来，关于人才培养质量提升的研究主要集中在具体的方法或策略研究方面，如 CIPP① 评价视角（雷云，2019）、产教融合视角（杨丽莎，2019；毕文健、顾永安，2019；卢彰诚，2018；莫晓，2019）、学科评估和基于学习产出的教育模式（outcomes-based education，OBE）理念视角（刘琼玉、钱同惠，2019；廉政等，2019）。可以看出，在基本完成内涵、评价和保障等方面的基本讨论后，人才培养的研究层面深入到了模式或范式层面，尤其是基于 OBE 理念的应用和借鉴。

综上所述，人才培养质量要适合个体发展需求、符合利益主体期望、具备基本能力和专业能力等已经成为共识，但如何实现这种共识需要系统研究。

2. 商科人才培养特征

地方高校的人才培养应体现区域特征（任嘉嵩和焦方义，2012）。地方高校商科人才大都以"应用型""面向职业和岗位"等作为培养目标（张博等，2015），并在课程体系、实践基地等方面有所探索（张元树，2008）。曹平（2010）剖析了美国加州大学伯克利分校哈斯商学院赶超精英商学院的成功要素，其与区域经济紧密结合、因地制宜的策略为地方高校商学院提供了借鉴经验。

当前，随着高等教育改革深入进展，"以学习者为中心"等教育理念深入人才培养实践层面（代文彬等，2019）；同时，由于商科教育的实践性特质，创新创业教育模式不断确立（苏凯新，2019；陈晖，2018）；数字经济时代，商科教育更须面对"互联网＋"、大数据技术深度应用带来的新型人才需求（田娟娟，2019；贾秀丽，2018）。

综上所述，地方高校商科人才培养应面向区域经济已初具共识，但如何从理

---

① 指一种教育评价模式，包括背景评价（context）、输入评价（input）、过程评价（process）以及结果评价（product）四个方面的评价。

念到行动系统推进，需要崭新的视角和具体的行动研究。

3. AACSB 认证研究

国外经验表明，AACSB 认证能够有效促进人才培养质量的提升。获得认证的商学院及其毕业生，具有明显的国际认可度和影响力。由于引入较晚，国内研究主要侧重于对标准的认知、对中国商科教育的启示（赵振新，2011；张洁，2013）以及对 2013 新标准的解读与分析（刘阳、马爱民，2014；2015）。本书研究团队前期成果包括：《国际认证视角下的高校教学质量保障体系建设》（杨宜、翟晶，2014）、《课程建设研究》（郑丽、杨宜，2014）、《商科学校使命比较研究》（郑丽，2015）等。

近年来，随着越来越多的国内高校启动 AACSB 认证，相关研究成果越来越丰富，代表性成果主要来自上海理工大学（智路平、谢伟，2019；陈荔，2019；刘芹等，2019）、天津理工大学（孙晖，2019；许宁宁，2018；孙维伟，2018）、西南财经大学（马骁、谭洪涛，2019）、对外经济贸易大学（周博等，2019）等高校。本书研究团队所在北京联合大学商务学院在认证过程中不断加强研究和总结，先后围绕学习品质保障（assurance of learning，AoL）体系（刘新颖，2018；郑丽等，2018；季皓，2017）、商科学生通用能力评价（郑丽，2019）、干部队伍建设（郑丽等，2017）、案例教学（郭慧馨，2017）、内部治理（翟晶，2017）、使命与模式（陈建斌、郑丽，2019；翟晶，2017）、实验教学体系（李著成等，2017）等进行了系统思考和探索，取得了一定的理论成果和实践成果。

总之，将 AACSB 认证与地方高校的商科人才培养质量提升相结合的研究目前初现端倪，为数众多、高度异质的地方高校商科教育如何吸收 AACSB 认证精髓，从而提升服务于地方经济发展的商科人才培养质量，亟须开展系统的研究。

1.3 研究内容和意义

1. 本书先后开展了以下研究内容

（1）地方高校商科人才培养质量现状的调研分析。从北京、广东、上海等地区选取 6～7 所典型地方高校开展广泛深入调研。从学校、学生、社会三个维度，以学业成就、学生教育收获、外部评价为核心，调查商科人才培养质量现状，发现商科人才培养中存在的共性问题，并分析影响商科人才培养质量提升的本质原因。

（2）国际认证视角下地方高校商科人才的能力特征研究。以 AACSB 认证标准为切入点，从能力视角分析学生、雇主、校友等利益相关方对地方高校商科教育的需求，研究并提出商科人才的能力需求，以及与学院定位、使命相匹配的个性化的特征要求。

（3）AACSB 认证标准对地方高校商科人才培养质量保障的比较研究。选择已通过 AACSB 认证的国（境）内高校尤其是地方高校的商学院，从学院使命、办学理念、学习品质保障及评价等方面进行比较研究，分析上述院校在 AACSB 认证标准下提升商科人才培养质量所采取的策略和具体实践，探索其对国内地方高校的启示与借鉴。

（4）地方高校商科人才培养质量提升的行动研究。在上述理论研究的基础上，秉持"使命驱动、持续改进"的核心理念，以北京联合大学商务学院（以下简称"学院"）为实践主体，通过"计划—实施—检查—改进"（PDCA）的行动研究过程，结合学院的 AACSB 国际认证进程，教学研究与教学实践同步推进，形成了初步研究成果。

（5）地方所属高校商科人才培养质量提升策略。通过现状调研、核心能力特征分析、比较研究、行动研究四个阶段，总结国内地方高校商科人才培养方面存在的主要问题，分析区域特色与 AACSB 国际认证相结合的基本途径，提出适合地方高校商科人才培养质量提升的指导思想、关键环节和行动策略，形成系统性的理论成果。

2. 本书的研究意义

（1）理论意义。AACSB 认证规范历经百年发展，是全球商学院最佳实践和管理智慧的高度凝练，是一种成熟商科教育范式的代表。如何将认证规范中所蕴含的精华和知识与本地实践相结合，不断创新区域性、个性化商科人才培养模式，是每一个地方高校商学院必须认真思考和慎重面对的课题。本书将 AACSB 认证精髓与我国实践充分结合，在学院多年认证实践的基础上提出商科人才培养的新思路和保障体系，有助于形成使命驱动下自我激励、持续改进的培养模式，丰富了商科人才教育理论。

（2）实践意义。新时代也面临着高等教育资源配置不均衡、发展水平不一致等矛盾，尤其是诸多地方高校的国际化建设既有来自地方经济社会快速发展急需高端商务人才所带来的国际化、品质化发展的迫切性，又有由于资源、机会、知识、平台限制所带来的严峻性。如何破解这种难题呢？本书能够为地方高校提升国际化商科教育品质和通过国际认证提供经验借鉴和实际参考，为北京市构建"高精尖"经济结构提供人才支持，对于国内地方高校的实践具有一定的参考意义。

第2章 地方高校商科人才培养质量的核心概念及相关理论研究

本书主要针对地方所属本科高校的商科人才培养进行研究，本章主要对本书涉及的几个主要核心概念及理论进行定义和解析。

2.1 核心概念界定

2.1.1 地方高校

从概念上界定，地方高校是指经由教育部批准，隶属于所在地的省（自治区、直辖市）、市地方政府部口管辖的，一批由不同层级高校特别是专科学校通过重组、合并，而形成的新的普通本科院校。地方高校以各省（自治区、直辖市）及其教育行政部门所属，以地方财政供养为主或者以所在地的社会力量为办学主体，承担着为地方（行业）培养人才、提供服务的普通本科院校。也即我国现行教育体制中的非中央部委举办或直接管理（部属）的高等本科院校，属于高等教育体系中的本科层次、高等院校中的地方军团。这些院校数量庞大，且各具特色和优势，但由于地方财力支持及其他教育投入有限，条件建设和文化积淀不足，甚至发展定位和人才培养模式确立不够准确，功能发挥还不够充分，已成为我国高等教育的重点研究和探索领域。

从已有研究的界定看，地方高校主要是指由专科独立或多所不同层次、不同类型学校合并升格的新型本科院校（王前新，2007）；或者是在地级城市举办的公立性质的本科高等院校。也就是说，它是在我国高等教育实行跨越式发展、实现大众化进程中，主要由一些办学条件比较好的专科、高职学校，经过整合后升格而产生的一个新型的办学群体。按照高校能级圈层来划分，我国高校共分为八个圈层，而新建地方本科院校则处于第七圈层（熊志翔，2007）。

本书所指的地方高校，专指地方政府及其教育行政部门所属的公立本科院校及民办本科院校。这类本科院校多位于地级城市，甚至是当地唯一的本科院校。其突出特征：一是新建，即本科办学时间不长；二是隶属于地方；三是普通本科院校。在当前阶段，地方本科院校进入了改造提升的阶段，主要体现在：一是更加注重队伍建设，加强了管理队伍的改造及对教学队伍、学术队伍的重视；二是更加重视专业改造，优化专业结构，合并有重复的专业；三是更加注重办学水平提升。高等教育大众化使得新建地方本科院校成为我国高等教育阵营中的坚实力量，它与传统老牌本科院校、公办高职院校、民办高校一起构成了我国多层次、多元化的高等教育体系。

2.1.2　商科人才

商科人才泛指经济管理类专业人才。商科涵盖范围广、涉及专业多，而且不同的国家、不同大学在专业细分上也有差异。商科以金融、会计、管理、经济学四大专业为代表，较主流的商科专业包括金融、工商管理、会计、市场营销、商务类、物流、经济学、人力资源管理这八大类。商科涵盖范围广、涉及专业多，近十几年来，随着中国经济的快速发展和全球经济一体化进程的加快，越来越多的学生选择商科类专业。新型商科专业按照"行业"进行设置，更强调行业特质与职业发展技能的培养，除设置传统商科课程以外，更强调学生的实践能力。商科毕业生的高就业率也是吸引学生和家长关注的另一重要因素，无论创业还是就业，近几年商科毕业生都受到社会和企业各界的追捧。

新一轮的科技革命和产业革命正在进行，互联网、云计算、大数据等新型技术与模式正深刻改变人们的思维、生产、学习方式。共同探讨、支持新商科人才培养事业的发展，共建现代学习体系，培养大批创新人才，已经成为应对诸多复杂挑战、实现可持续发展的关键。新商科人才，是指商贸服务业进入消费升级、互联互通、大数据、云计算、人工智能、共享经济和商业的 3.0 时代的新时代商科人才。

本书所指的商科人才，是指大数据、人工智能和互联网经济背景下的经济管理类本科专业人才。

2.1.3　人才培养质量

1. 人才培养质量的概念

人才培养是以大致社会分工为依据的，针对社会不同类型、层级的较高素质的建设者、创造者、继承者的教育或培训的组织实施。由于高等教育直接与社会衔接，毕业生直接进入社会各个领域和阶层，因而，人才培养通常指高等院校的教育教学，特别是学生培养。自 19 世纪作为高等教育发源地的欧洲对高等院校划分种类以来，人才培养通常分为侧重于培养精英型、精英—大众并存型、大众型，或者称为研究型、复合型（或通识型）和应用型（或技能型）的劳动者、建设者、管理者等的教育。其中，研究型人才培养即具有良好的研究生教学和科研能力的高等院校，在本科阶段着重培养学生坚实理论根基和创新思维，并为研究生培养提供基础；复合型人才培养主要指适用多个领域和多个学科交叉的通用型劳动者、建设者的教育；应用型人才培养，即承担着大众高等教育任务的高校，重点培养实用化、技能型，直接服务于经济发展的劳动者、建设者（张秀琴等，2010）。由于现阶段地方高校人才培养研究的滞后，迄今还没有形成公认的理论，缺少对地方高校人才培养范式的关键影响因素的分析（孙董，2012）。

人才培养质量是指高等院校的教育教学特别是学生培养目标的达成度，以及毕业生规格和素质的状况。从一般意义上讲，质量是动态的、变化的、发展的，可随着社会的发展、技术的进步而不断更新和丰富，也可以随着时间、地点、使用对象的不同而不同。地方本科院校人才培养质量就是地方本科院校群体及个体在学生培养以及其中的教育教学方面对国家和社会相应规格要求的实现程度。相应的，人才培养质量保障即为人才培养质量达成或实现提供保证、支撑和支持的条件、机制和具体事物的统称。

应用型地方高校培养的人才应该是以应用创新为基本标准，在培养规格上应该是既注重对学生基础理论知识的培养，即为了学生未来的可持续发展奠定坚实基础，同时更注重对学生能力的培养，是为学生将来就业与择业做足充分准备的教育。它所关注的焦点在于提高学生适应当前以及未来产业发展与技术变革的创新性能力，因而其培养目标为适当拓宽专业面和知识面，加强对专业基础理论知识的学习以及人文社科类的通识课程的学习，培养学生的实践能力、创新能力。他们与传统本科所培养的人才区别为，传统本科培养的是基础知识宽厚、综合素质较高并具有良好自学能力的通识性人才，它承担着为更高层次教育提供生源的任务。而应用型专业所培养的人才是面向生产、建设、服务、管理第一线的技术应用型人才，他们具有很强的行业针对性，所学的知识都是专业对口的，走上岗位都能立刻开展工作。因此，对于地方本科院校人才培养来说，创新与应用应该是衡量其人才培养成功与否的重要指标。

关于人才培养质量的定义，可以从高等教育质量出发来理解人才培养质量的含义。科学研究、人才培养、社会服务、文化传承，是当前高等学校的四大功能，人才培养作为最重要功能，其质量则成为高等教育质量中最重要的一部分。

因此人才培养质量，即人才培养活动及其结果所具备的能满足政府、高校、社会需要程度的固有特性，然而不同的人才质量标准，其固有特性也各不相同。其中，研究型人才培养是以从事科技发展与创造、学术研究与创新为职业使命并发展某种学科知识为目的，因此其主要固有特性为高深的科研理论素质、良好的科研管理能力、良好的个人素质和团队合作能力等；应用型人才培养是以从事某种特定职业的、符合社会市场需要的人才为培养目标，因此其主要固有特性为良好的解决实际问题能力、处理复杂问题能力、应用知识能力、自我发展能力等。

本书对人才培养质量概念的理解总结为以下三个方面：

（1）知识。即对知识的理解、掌握程度，对本专业及其他专业知识的了解、熟练程度。

（2）能力。即对本专业知识及其他知识的实际应用能力、践行能力。

（3）素质。即各项素质的综合性、全面性，包括思想道德素质、心理素质、身体素质以及较强的社会实践能力、社会适应能力、思维批判能力、人际沟通能力、组织协调能力等。

综上所述，人才质量要适合个体、要符合利益主体期望、应具备基本能力和专业能力等已经成为共识。但如何实现这种共识需要具体研究。本书基于能力观和 AACSB 认证标准，认为商科人才培养质量应从以下方面展开评价：伦理观念和职业道德；用现代信息技术和方法分析解决问题的能力；组织管理能力与团队合作精神；国际视野和跨文化交际能力；批判性思维能力；专业基本知识和基本技能。

2. 人才培养质量的相关研究

高校人才培养质量研究，多是与高等教育质量和高校人才培养质量观联系起来的。实际上，质量的本质是满足要求的程度、能力，因而，高等教育质量是一个多维的变化着的概念，是复数形式的，不同的质量观会有不同的判断和衡量标准（John Sizer，1993）。

国外高等教育质量观主要有多样化的质量观、适应性的质量观、达成目标的质量观、发展的质量观、转化的质量观、物有所值的质量观、绩效的质量观与利益相关人判断的质量观等。有研究者指出，传统的精英教育的质量观在许多人理解中与牛津、剑桥大学等同（Diana Green，1994）。至于质量的优秀，会因其着眼点不同而不相同，例如，声誉上的优秀、输出上的优秀、内容上的优秀和资源方面的优秀（E. G. 博格等，2004）。有的研究认为，从实际测量评价上讲，高等教育质量既可以作为绩效的同义词，又可以是不同的利益相关人的判断（陈威，1999），还包括教与学的"相关性"问题（菲利普·库姆斯，2001），高等教育质量的高低，是指高等教育活动所产生的结果达到既定目标的程度，或满足社会和受教育者要求的程度（托斯坦·胡森，1987）。

国内对人才培养质量的研究主要有阶段论质量观、需要论质量观、适应论质量观、目标论质量观、全面质量观、产品质量观、知识质量观、能力质量观、全面素质质量观等。其中，全面质量观是着眼于高等教育整体水平和不同办学层次高等教育的相对质量，以全面的、全方位的维度去评价高等教育的优劣高下（徐超富，2008）。关于高校人才培养质量，国内有研究提出，提高我国高等教育人才培养质量，最重要的是要摆正人才培养在高等学校的中心地位和本科教育的基础地位，优化专业设置、更新课程体系与教学内容，改革教学方法与手段，全面推行素质教育（薛光，2002）。对于高等学校这一生态系统来说，其人才培养就是学生这一生命主体在高等学校这一特定环境中的生态发展过程（杨同毅，2010）。基于应用型高校本科人才培养面临的挑战，有研究认为，提高本科人才培养质量首先应认真思考什么是应用型高校以及中国式研究型高校，进而利用应用型高校的学科建设和教育资源去重建本科教育，特别是抓住教师这一关键去实施"从游分享式"本科教育，即启发式的、全程参与式的本科教育（王一川，2007）。有研究认为，制度创新和体制完善是提高高等学校人才培养质量的根本，思想和文化是提高人才培养质量的核心，高校精神是提高高等学校人才培养质量的灵魂，民主与自由是提高高等学校人才培养质量的动力，而教学与科研并重则是其中的一种正确选择（张其亮，2009）。有博士论文专门研究了作为一种内生性资源的教育制度对高校人才培养质量的影响，构建了教育制度安排的路径框架，突破了我国高校人才培养质量研究中的制度研究这一较为薄弱的环节（郭欣，2012）。早些年的研究认为，课程因素、教学因素、学生个人因素（如智力、性格和身体状况）、校园环境因素，影响和妨碍了高校的人才培养质量（谢斌等，1998）。

就如何提升本科院校人才培养质量，有研究者从高素质师资队伍培养、开放性教学理念确立、课程建设和教材体系构建、学生质量评价标准的合理定位到学生正确评价自我和自主提升综合素养等方面提供了一些思路（兰玲，2010）。有人则从高校教学的盲点走出来论证人才培养质量的提升，着重分析了学生的边缘化、教学目标中高级认知能力的缺位、教学方法本身的教育功能被忽视、课外学习的育人价值有待挖掘、"做中学"的教育价值未被充分重视等若干教学盲点（叶信治，2012）。

总体上来讲，关于高校人才培养质量的研究已经取得了重要阶段性成果，不论是人才培养质量的影响因素、质量观，还是提升措施等，都有了基本的分析框架和可依赖的结论与观点。然而，这毕竟还只是一个时期的阶段性成果，尽管有些研究在某一方面或某些方面取得了实质性进展。而且，正如有的研究所涉及的，人才培养质量与高校人才培养系统和高校在高等教育系统中的定位密切联系在一起，但有关地方本科院校人才培养质量专门系统的研究还不多见。

3. 人才培养质量的评价标准

关于人才培养质量的评价标准，本科人才培养质量标准有不同的类型和层次，评价标准是一种对人才培养结果产出的价值评价活动，通过标准指标衡量一定阶段或一定批次学生的教育成果产出、学校（专业）管理运行以及资源保障情况。目前谈人才培养标准大多侧重于评价标准，本科教学评估指标体系就是一种典型的评价标准。自 20 世纪 80 年代开始，我国本科教学评估已多次开展，其中尤以 2003 ~ 2008 年持续开展的高校本科教学评估最为引人注目。2011 年，教育部颁布了《教育部关于普通高等学校本科教学评估工作的意见》，以学校自我评估为基础，以院校评估、专业认证及评估、国际评估和教学基本状态数据常态监控为主要内容的高等教育教学评估顶层设计被确定下来。以评促改，以评促建，评估有效地促进了高校自觉贯彻执行国家的教育方针，并力求在遵循教育规律的基础上进一步明晰各高校办学指导思想和办学定位、改善办学条件、加强教学基本建设、强化教学管理、深化教学改革、全面提高教学质量和办学效益。然而这些评估指标体系的制定主要侧重于以可操作、可采集的数量化的指标值来考核某所高校、某个专业建设及管理情况，是一种事后评价，对学校或专业建设有风向标作用，但其未能从学生发展的角度去规范、明确或者指导高校应该如何培养人，导致目前高校在建设中过于重视人才培养条件的保障、对人才培养过程关注不够、对学生的个性化需求体现不足、在人才培养模式上较为单一、缺乏指导等问题。

本书认为，本科人才培养质量标准应该是一种培养标准而不仅仅是评价标准。培养标准的制定应紧密围绕"培养什么人，如何培养人"展开，依据人才培养规格维度和水平以及对人才培养质量是否满足经济社会发展的需求等要素，通过具体可量化的标准规制本科教学各环节，监测和修正本科教育教学的实时状态。它更关注学校、院系和专业整体以及学生个体的教学目标完成情况，针对短期、长期教育教学目标从时间序列上进行环节式的规制和监测，细化和整合高校教学资源，保证教学质量稳定，实现人才培养质量的过程控制。

2.2 人才培养质量观

孙崇正（2009）等认为高等教育人才培养质量是指对高等教育所培养出来的人才的质量和效果好坏的定位与评判，高等教育人才培养质量观是一种基本意识和看法认知，指用什么样的标准来对高等教育人才培养质量进行衡量和评价。郑家茂（2008）等认为人才培养质量观要实现超越工具理性、合格质量观及单一性。余宏亮（2013）等认为人才培养质量的根本标准所体现的时代特征是人的主体性的回归与彰显，实现富有个性的自由的人才培养"全面观"及达到"目的"与"规律"统一的人才培养"适应观"是其核心内涵。韦冬萍等（2015）从人才培养的社会导向性、时代性和多样化发展等特征出发构建现代人才培养质量观，建立多元化的人才培养质量观。吴萱（2011）指出，目前我国人才培养观仍然存在着一定程度的注重灌输知识而忽视培养素质，方式陈旧、规格单一、主体被动等问题也存在于人才培养管理模式中，指明改进高校本科人才培养质量的方向：采用多元化的创新型人才教育模式实现培养观念的转变，营造能够激发学生潜能的良好的学习生活环境；在传授知识的同时，引导学生尝试探索培养其实践能力，提高其创新意识；因材施教，培养优异的创新型高素质人才。因此，可对高校人才培养质量做出以下界定：高校人才培养质量指的是学生在规定的学习期限内，在一定的教学条件下，完成高校规定的学习任务，达到相应学位专业培养目标所需要具备的知识、能力和素质的程度。

提高人才培养质量，培养高素质人才是高等教育发展的核心任务，也是提高我国高等教育国际竞争力的基本要求。因此，高校人才培养质量标准和人才培养质量观问题是众多专家学者关注的焦点。

对于高校人才培养质量评价内涵的研究主要有以下三种观点：

（1）发展观或动态观。吴崇恕等（2005）认为人才质量应该是动态的、分层次的，不同类型的学校应该有不同的人才质量标准；孙崇正等（2009）认为，在不同的发展时期，我国高等教育人才培养质量观不同，有改革开放初期的全面发展质量观、市场经济体制确立后的全面素质质量观、高等教育大众化时期的多元化质量观；周小理和姜超（2013）提出高校人才培养质量的"发展质量观"，认为高质量的教育必须是适合个体发展需要的教育，必须实现个体充分、可持续的发展。

（2）要素观或构成观。郭秀琴（2007）将人才培养质量的内容分为三个方面：较高的专业知识和深厚的文化底蕴，正确的思维方式及创新能力、时间能力和创业精神，信仰、较高的道德素质和良好的心理素质；马万民（2008）认为，学生是教育质量唯一的载体与评价的对象，知识、能力、素质是高等教育人才培养质量的基本内容；沈爱琴（2009）、吴继红等（2013）提出 21 世纪的人才培养质量体现在本质、品质、素质、潜质、气质五个方面。

（3）能力观或适应观。李孝华（2009）认为，高等教育人才培养质量体现在把学生培养成认同和适应社会、认同和顺应时代、认同和推动历史进步、认同和符合自身发展的现代公民；孙泽平和何万国（2010）综合学者们的研究，提出应用型本科人才质量体现在基本能力、专业能力和综合素质方面；余宏亮和刘学忠（2013）认为评价人才培养质量的根本标准是促进学生的全面发展和适应社会的现实需要，体现在"全面观"与"适应观"两个方面上，即促进人的自由而富有个性的全面发展的"全面观"及满足经济社会发展需要的程度和效度的"适应观"。

2.2.1 人才培养质量的特性

人才培养质量观是直接关系到高等教育事业能否健康发展的重要问题。当前，我国的高等教育正在经历由"量变"到"质变"的转型时期，社会上对人才培养质量的评价标准也是多种多样，有的还存在着较大分歧，因此要提高人才培养质量，必须正确认识人才培养质量的四个特性。

1. 适应性

高等教育是社会发展的产物，必须满足社会各方面的需要。因此，检验高校人才培养质量的一个重要标尺就是能否适应和满足特定时期经济社会发展的需要。从这个意义上来说，不同层次、不同类型的学校只要培养出来的人才能够受到社会的欢迎，就应该说是达到了质量标准。人才培养质量的适应性要求我们在人才培养过程中，应更加注重学生持续发展能力的培养，如良好的心理素质、思想素质和较强学习能力、思维能力，通过持续发展能力的培养，为学生在今后适应国家和社会发展需要奠定坚实基础。

2. 时代性

大学培养的学生是动态的，随着学生的成长在不断地发展变化，今天的质量不等于未来的质量。人才培养质量的发展性要求我们，要树立人人成才的观念，面向全体学生，促进学生成长成才。要重新认识教育评价标准，以人为本，以学生为主体，充分激发学生内在的学习动力，调动学生学习的能动性、自主性和自觉性，适应时代的发展变化。

3. 多样性

高等教育本身就是一个多样化的系统，社会需求是多样的、学校规格是多样的、学科门类是多样的、学生个性是多样的，这些决定了质量标准的多样性。人才培养质量的多样性要求在人才培养过程中，学校要进一步明确办学定位，确立切合实际的人才培养方案；不同的专业之间，培养目标不同、师资力量不同、教学条件不同，要建立不同的人才培养质量的评价标准；要以人为本，尊重和提倡学生的个性，做到因材施教，使每一个学生都能实现成才成功。

4. 特色性

特色是学校发展的灵魂。一所高校，没有特色就没有吸引力和竞争力。特色反映质量、特色体现优势。在众多同类院校中，如果一所大学在人才培养过程中有着诸多与其他院校不同的地方，做到人无我有、人有我特，形成自己鲜明的特色，在特色中培养的学生在能力、素质、气质等方面明显不同于其他学校的学生，使学生具有很强的竞争力，其人才培养质量一定是比较高的。人才培养质量的特色性要求我们，在人才培养过程中，要突出特色，在教育理念、教育方法、课程设置等诸多方面，都可以探索形成自己的特色，以特色强化优势。

2.2.2 人才培养质量观的演变

中国现代高等教育人才培养质量观经历了由政府主导的一元质量观、外适质量观、内适质量观三个主要阶段。人才培养质量观影响和制约高等教育的发展，因此梳理我国现代人才培养质量观的演变与发展具有重大的现实意义。

1. 政府主导的单一质量观

中华人民共和国成立后，我们在高等教育现代化方面进行了许多探索。初期我国高等教育的基础十分薄弱，国家把发展教育事业摆在突出地位，适应大规模经济建设需要，有计划发展各级各类教育事业，探索适合中国国情的教育发展道路。1952 年，教育部提出全国高等学校院系调整原则和计划，根据优先发展重工业的方针，为适应高等教育满足培养经济建设急需的专门人才的需要，开始大规模进行院系调整。调整的方式是根据苏联的大学模式，取消大学中的学院，调整出工、农、医、师范、政法、财经等科，或新建专门学院，或合并到已有的同类学院中去。此次调整的重点是将高等教育的功能定位于为经济建设培养专门的人才，基本上满足了经济建设和计划经济体制对人才的需求，为国民经济的发展做出了突出贡献。但当时由于缺乏对世界高等教育发展规律的认知，全盘照搬了苏联的教育发展模式，用苏联模式来建构中国的高等教育制度，进而全面否定欧美国家高等教育理念，用计划、命令取代教育规律，办学主体从过去的多元化转变成政府包办的一元化。其结果是高等学校成为国家命运、社会发展的晴雨表，政府主导的与政治、社会效益紧密相关的单一质量观影响和制约了该阶段高等教育的发展。

2. 外适质量观

外适质量观，体现社会本位价值观。外适质量观指的是高等学校人才的培养应以满足国家、社会及用人单位需要为主要目的。该质量观是社会本位价值观的集中体现。外适质量观重点强调高等教育追随外部社会的需求，衡量高等教育质量高低的维度主要集中在是否满足社会外部需求。也就是说只要是能适应社会外部需要的人才，就是所谓的高质量人才。不管是教育服务还是教育产品，如果能够准确适应目标市场的需要，满足目标市场的要求，这样的高校就是高质量的。改革开放以后，教育的现代化再次引起人们的强烈关注和思考。高等教育的质量观也从满足教育的"质的规定性"，即培养合格的高级专门人才，向满足"主体需要"，即职业技能、社会适应性等要求转变，这使得高等教育质量标准实现了由"合规定性"到"合需要性"的发展。20 世纪 90 年代开始，社会主义市场经济体制主体地位逐步得到确立，肯定了经济建设工作的中心地位，高等教育的政治色彩进一步弱化，其生产属性和经济功能进一步凸显，高等教育成为知识经济的"服务器"，为社会主义市场经济的发展提供越来越强大的智力支持。1999 年教育部出台多项措施确保高校扩招政策的实施，高等教育毛入学率迅速攀升。

3. 内适质量观

内适质量观，体现知识本位价值观。内适质量观主张高等学校的学术性是其首要的属性和存在状态，高等教育应该是高校按照自身内在的规律开展学术性研究的过程，进而在该过程中自然地培养出高级的专门性的人才。内适质量观强调："发展和完善学生的独立性、自主性和主体性等个性品质的过程；通过开发和提升学生的智力、洞察力和批判力而拓展其精神领域和视野的过程。而学生这些方面的具体发展状况，自然成为考察高等教育质量的核心指标。"当今高等教育不仅要适应未来社会，而且要引导、改造未来社会。进入 21 世纪，改变中国高等教育格局的变革正在迅速发展。

纵观我国现代高等教育人才质量观的演变过程，可以看出其发展的三个阶段是螺旋式向前演进的，其内涵是不断丰富和发展的。今后将更加着眼于多样化需求的多元质量观。

2.3　人才培养质量要素分析

2.3.1　外部要素分析

高校的人才培养工作会受到外界诸多因素的影响，并与之发生联系。高校的发展要受到政府机构的指导，高校的运行离不开政府和有关组织、个人的资金投入，高校为企业和事业单位提供人才，随着市场的变化和技术的变化，高校的人才培养方向会受到企事业人力资源需求种类和数量变化的直接影响。

1. 政府

政府作为高校办学的主体，对高校发展起着宏观指导和监督作用，政府对高校教育拨款的多少也会影响高校的发展和人才培养质量。

2. 企业（事业单位）

企业（事业单位）是高校人才最终的输送地，随着经济、社会、技术环境的变化，企业（事业单位）在不同时期对人才有着不同的要求，这些变化直接影响了高校的办学思路和人才培养模式。

2.3.2　内部要素分析

内部诸多因素也是影响人才培养质量的关键因素。内部要素主要包括学生、教育资源、专业建设、教学方法、管理体制等。

1. 学生

学生是高校人才培养的直接对象，学生的学习态度、知识结构、探索能力、创新意识等对人才培养的结果有着重要影响。

2. 教育资源

高校所拥有的教育资源在人才培养中起着关键作用，如师资力量、教育基础设施、教育经费等。

3. 专业建设

专业建设是由人才培养的目标及手段所决定的，高校的专业建设不仅要反映自身的办学特色和专业要求，还要考虑社会的需求，培养学生的创新意识与综合素质。

4. 教学方法

合理的教学手段与方法能够有效提高教学质量，也有助于人才培养质量的提升。教师需要根据课程特点和授课对象特点，采用互动式教学、小组讨论或做中学等教学方法，鼓励学生多参与课堂活动。

5. 管理体制

传统集中体制下的高校在办学思路、管理体制、教学理念上变化较少，严重影响了人才培养的质量，也无法培养出适应新环境、具有创新意识的人才。

2.4　地方高校商科人才培养

2.4.1　地方高校商科人才培养的特点

应用型本科院校与学术型本科高校和高职高专院校培养的商科人才是有明显区别的。学术型本科高校是以学科体系为本位，面向学科设置专业，重视学科知识的系统性和理论性，以学科系统性来构建课程和教学内容体系，培养的是学术研究型人才。高职高专院校是以职业岗位要求为本位，面向职业岗位（群）设置专业，重在培养技能性的实践操作能力（即运用成熟技术，按既定规范操作，强调熟练性、规范性），围绕职业岗位要求来构建课程和教学内容体系，培养的是职业技能型人才。而应用型本科院校是以行业需求为本位，面向行业设置专业，重视知识的复合性、现时性和应用性，以知识应用、解决问题来构建课程和教学内容体系，培养的是理论应用型人才。

地方高校与区域发展具有共生性（陈晓阳和姜峰，2012），地方高校的人才培养应体现区域特征（任嘉嵩和焦方义，2012）。地方高校商科人才大多以"应用型""面向职业和岗位"等加以界定（张博等，2015），并在课程体系、实践基地等有所探索（张元树，2008）。曹平（2010）剖析了美国加州大学伯克利分校哈斯商学院赶超精英商学院的成功要素，其与区域经济紧密结合、因地制宜的策略为市属商学院提供了借鉴。

因此，应用型本科院校的商科人才培养有以下特点。

1. 行业性

应用型本科院校的商科人才培养是按行业来设置专业的，其知识结构应该既有行业的普遍适用性，又有属于本行业特有的个性。它必定要开设一些学科基础课和专业基础课，使学生掌握该领域的基本知识和原理，把握这个行业的普遍规律，能够到各个不同的单位就职并胜任本行业的工作；同时又要开设一些专业课和专业方向课，使学生能把握本行业某些特殊规律，处理本行业的一些特殊事务，能够到不同的单位就职并胜任本行业内不同岗位的工作。应用型本科院校商科人才的培养不应一味追求学科知识体系的完整性与系统性，而应根据行业发展的最新要求来构建知识体系，使学生既掌握相当的理论知识，又具有较强的创新创业能力。

2. 实践性

商科人才的提法与经济、管理人才的提法不一样，其本身就强调应用性，而应用型人才的培养靠纸上谈兵是培养不出来的。商科人才与其他工科人才的培养也不一样，更强调学生的分析和解决实际问题的能力。商科人才的培养必须要付诸实践，真刀真枪地干，在实践中运用科学理论和方法进行综合分析，制订解决问题的方案，并付诸实施，同时不断总结，进而验证理论、升华理论，不断培养综合职业能力。

3. 社会性

应用型本科院校商科人才培养的社会性主要体现在三个方面：一是商科人才应该比其他学科人才具有更强的社会能力，包括社会交际能力、语言表达能力、组织协调能力、团队合作能力、商务谈判能力等；二是商科人才是直接面向商业的，主要从事企业经营且直接为经济社会发展服务；三是商科人才的培养单靠学校是不行的，需要企业、政府等社会部门的共同参与。

综上所述，面向区域经济培养高质量商科人才已经初具共识。但如何从理念到行动系统推进，需要崭新视角和先进理念指导。

2.4.2　地方高校新商科人才培养模式探索现状

当前我国的产业结构已经全面进入调整升级期，在此背景下，新制造、新零售、新金融、新管理模式频现，对商科教育提出了新的挑战。商科人才培养理念、培养模式的持续优化和创新已经成为不可抗拒的时代潮流，培养适合时代发展需求的"新商科"人才，已成为产业界和教育界的共同话题。地方高校为了主动适应地方产业、行业对人才培养的需要，坚持以转换人才培养目标、提升教学质量为核心，将人才培养的目标定位在满足地方和区域经济社会发展需要，尤其要满足各类产业、行业对"新商科"人才的需求，探索可复制和借鉴的"新商科"人才培养模式，提高"新商科"人才培养质量。

1. 课程思政强化"新商科"人才价值引领

习近平总书记强调，高校培养什么样的人、如何培养人以及为谁培养人是根本问题。商科培养的人才是未来的领导者，思想政治必须过关，专业课思政建设及育人理念是重要切入点。北京联合大学商务学院进行了专业思政和课程思政教学改革，通过课程思政建设，把正确价值引领、共同理想信念塑造作为"新商科"人才培养的鲜亮底色，让思想政治工作贯穿于专业教育，全方位、全过程地强化"新商科"人才价值引领。

2. 专兼结合提高"新商科"教师双师素质

商务学院在人才培养方面逐步形成了一支业务精湛、结构优良、充满活力的高素质双师型教师队伍，满足了"新商科"人才培养模式的师资需要。"走出去"即逐步安排教师到企事业单位的相关部门挂职学习，提高实践教学能力。"引进来"即积极引进行业一线专家或资深从业人员担任专业课教师，有力地充实了专业教师队伍，提升了教师教学水平，为"新商科"人才培养做好师资队伍保障。

3. 全面设计打造"新商科"理论课程体系

"新商科"人才培养方案理论课程体系依据市场及行业需求、课程的内容和地位，采用模块化设计的思路，由通识教育模块、学科大类模块、专业技术模块、跨专业选修模块构成。通识教育模块具有工具性，注重德智体美的协调培养；学科大类模块具有系统性，注重宽知识域和专业基础理论的培养；专业技术模块具有方法性，注重专业应用能力的培养；跨专业选修模块具有开放性，注重素质和个性化培养。四个模块紧密结合、有效衔接。通过人才培养方案的设计与构造，为"新商科"人才培养奠定扎实的理论基础。

4. 搭建平台培养"新商科"学生应用能力

"新商科"人才不仅要具备专业知识"硬技能"，更要具备沟通交流、团结协作、爱岗敬业、学习创新等"软技能"，单纯地通过课堂讲授难以实现对学生"软技能"的培养。基于"新商科"人才需求特点，建设了包括校外实习基地、创新创业孵化基地、沙盘模拟实验室、专业综合实训室、大数据研究实验室等多个实践实训平台，保障学生能够将课程内容通过虚拟仿真平台进行业务实践。学院以校企合作基地为基础，形成校内实训平台、校外实习平台、学科技能大赛、职业资格认证平台、专业素质拓展层层推进的递进式学生实践能力培养模式，校企合作水平、人才培养质量、学生职业素养和竞争力显著提升，在"新商科"人才培养模式探索过程中发挥了良好的示范和引领作用。

第 3 章　AACSB 认证与商科人才培养质量

3.1　AACSB 认证的理念及核心精神

AACSB 于 1916 年由哥伦比亚大学、哈佛大学、纽约大学、加州大学伯克利分校、芝加哥大学、宾夕法尼亚大学、耶鲁大学等 16 所知名大学商学院联合发起，并自 1919 年开始推行高等管理教育认证，是全球首屈一指的商学院和会计项目非政府认证机构，是世界上拥有会员最多、历史最为悠久、认证内容最全面的商学院联合机构。其教育认证制度之严、标准之高冠居全球，世所公认，其代表着一所商学院的最高成就，也是商学教育达到世界级水平的重要标志。

AACSB 于 1919 年颁布了商学认证标准，并于 1980 年颁布了会计学项目的标准。1991 年 AACSB 全体成员通过了与使命相联系的认证标准和评估考察团评估程序。AACSB 认证代表着全世界商学院的最高成就，学院通过严格和全面的评估，取得认证资格意味着对其质量和发展前景的肯定，取得 AACSB 认证资格是优秀的管理教育的重要标志。全世界仅有不超过 5% 的商学院取得了这项精英认证。

AACSB 认证关注的核心主要有：一是教育质量，其商学认证标准的大部分规定都与教育质量密切相关。AACSB 认为教学质量是在师生互动的教学实践中创造出来的。如果在商学院一个自成体系的教学项目中，学生能与骨干教师充分互动，那么这个项目可以确保高质量。相应的，认证关注商学院实现办学使命的决心、教师的发展规划、人才培养计划的编制及其在实施方案中的贯彻执行等。二是实现高质量的方法，即鼓励通过不同的教育教学方法实现商科教育的高质量，支持商科教育中百花齐放的使命与教学方式。三是教师的能力提升，认证强调申请学院应采取一系列措施加强课程设置、提高教师水平、改进教学方式和发展科研活动等，保障教师拥有高水平的教学科研能力。因此，获得 AACSB 认证资格的商学院必然具备以下特征：根据不断调整的使命进行资源管理；教师拥有先进的商业和管理知识；提供高质量的教学和前沿的课程体系；鼓励师生互动；培养的毕业生能完成学习目标。

3.2　AACSB 认证标准的关注重点

2013 年 4 月，在美国芝加哥 AACSB 年度会议上，所有成员一致通过 2013 版新标准（以下简称"新标准"）。之前，AACSB 所制定的标准使商学院深陷传统大学的结构中，评估标准单一，缺乏灵活性和适用性。因此，新标准的数量由原来的 21 条减为 15 条，但是评估过程却变得更加严谨和复杂。事实证明，新标准能够督促商学院满足质量的最高要求，并赋予其满足雇主和学生的市场需求，促进商学院以更加积极、灵活的"姿态"进行改革、创造与可持续发展，在此基础上对其进行人性化、弹性化的认证。

新标准强调商学院要进行战略性创新，不仅对所在国家的社会商业领域做出贡献，而且要对全球商学院的管理教育产生一定的影响，平衡学术发展和专业实践之间的关系，积极履行所承担的义务，提高毕业生就业率和对社会的贡献。评估标准包括战略管理与创新、参与者、学习和教学、学术和职业发展四个维度和15 个具体标准，如表 3 - 1 所示。

表 3 - 1　　　　　　　　　　　AACSB 认证新标准

维度	认证标准	基础内涵
战略管理与创新	学院使命、声誉影响和创新	涵盖学校的愿景、使命、教育目标等内容。为预期结果绘制蓝图、明确前进的方向，有利于最终目标的实现，对学校办学理念的描述要有适宜性、描述性和透明性
	学院的智力贡献符合学校使命的要求	学院所做出的智力贡献涵盖科研成果、实践和教育教学研究三个方面，智力贡献不应违背学校使命、战略发展方向的初衷，工商管理课程、实践和教学应反映学校使命的要求
	财务管理和资源分配	学校设置适合的财务管理制度，有效利用充足的资源，确保各项活动的实施和任务的完成。合理分配资源，兼顾公平和效率

续表

维度	认证标准	基础内涵
参与者：学生、教师、专业工作人员和专职人员	学生的入学标准、学习过程以及职业发展	为录取标准、学位获得者所应该具备的品质和能力、职业发展等制定相应的政策和流程，并确保清晰、有效、一以贯之。同样，需与学校使命、目标以及战略发展方向相一致
	师资力量和部署工作	师资力量雄厚，足以保障学位培养的各项要求以及学校教育使命的实现。所有学生，无论属于哪个教育项目、学科、地区、授课模式，都有机会接受适合其发展的教育和高质量教师的指导
	教师管理和支持性保障	学校有明文规定给予教师以充分的机会发展自身专业素养，学校的教育目标，使命和发展方向均以此为基准，并为之提供坚实的保障性措施
	专职人员的充分性和部署工作	学校有一定数量的教职员工和服务人员，保证教育的正常运行
学习和教学	课程管理和学习保障机制	学校建立系统化的程序确保学习目标和内容的制定、更新与完善；通过设计课程内容、改善授课方式、提高课程质量等方式达到学习目标的要求；分阶段对所达成的教育效果进行审查和评估
	课程内容	课程内容要与 MBA 教育目标、教育使命、学生未来职业发展方向相适应
	学生之间的互动	为实现教育目标的总方向，课程的设置应鼓励并促进师生互动和生生互动
	学位获得的标准、结构、同等标准	授予学位的标准、课程结构与设计、完成学业所需的时间等有明确规定，符合相关要求，利于教育目标的实现
	教学的有效性	学校制定明确的政策和程序确保教师教学的有效性，包括课程设置、教学方式等
学术和职业发展	学生的学术水平和职业发展	课程设置需符合学生学术研究和职业发展的能力，并和学位授予标准、学习目标相一致
	高管培训	高管培训（不能够获得学位）作为学位教育的补充，为学员提供继续教育的机会，给予其不断提升自身的机会
	教师资格及其义务	学校能够合理安排和分配全体教职工的工作和生活，教师的任用依据之一便是其学历资格证明，以保证教学质量的基本水平和教育目标的实现。同时，教师有商业实践或在其他组织机构的工作经验，有一定的领导力和管理经验等

3.3　AACSB 认证与商科人才培养质量提升

新标准中，AACSB 强调商科教育要在三个关键领域进行持续的质量改善：参与、创新和影响。概括地说，"参与"强调要获得有效的商科教育和研究，必须通过与使命一致的学术参与、实践参与及两者之间的平衡互动；"创新"强调商学院通过设定较高且可行的目标进行战略性规划，促进学术创新和实践能力的灵活运用，激励教师投身创新、创业，不断提高商科人才培养质量；而"影响"主要指将学习品质保障与课程管理流程集成，产出商科教育、科研和实践具有积极影响的智力贡献，产生对所在社区、社会经济的积极影响，寻求在商界、社会以及全球性商学院和教育工作者社区中的"差异"程度（AACSB，2016）。可见，"影响力"本质上是一种差异性，是区别于本地区甚至国际上其他商学院的特色性形象，而"参与"与"创新"是获得影响力的两个重要途径。可以说，AACSB 标准深刻揭示了商学院不断提升人才培养质量、不断构建影响力的基本公式：参与 + 创新 = 影响。

1. 认证核心理念构建了人才培养基本框架

商学院"影响力"是要在学术、实践和人才培养三个领域具有明显的标识度，与其他商学院具有显著的差异性。商学院的独特性，首先表现在使命独特，即每个商学院的使命是基于自身的资源基础、区位环境和办学实践所形成的具有唯一性的身份角色定位、范围层次界定和社会发展承诺。当这种使命在业界（学术、商业和教育）获得了一定的传播和认同，就说明商学院具备了一定"影响力"。

具有影响力的高质量商科教育来源于"参与"与"创新"。商科人才属于应用型人才，强调实践能力，其培养过程中需要强调"双向参与"，即一方面是企业实践向课堂教学的输入，表现为案例教学、行业企业专家进课堂等；另一方面是学生直接参与实践，表现为学生科研、实习实践、社会服务、创新创业等。"参与"只是表征了人才培养的形式，而"创新"则表征了质量改善，即不断设定一些新的目标和要求，实现从一个层面向更高层面的跃进。"创新"渗透在"参与"的方方面面，既要创新参与形式，也要创新参与过程，更要创新参与质量。只要这些参与和创新是符合使命要求的，就可以不断创造出学术成果、实践案例，培养出高质量的商界骨干或精英，并不断获得业界的认同。因此，使命驱动下的"参与+创新"可以创造商学院的"影响力"。

2. 强调商业伦理和社会责任感，确立人才质量底线

正如我们强调"立德树人"一样，AACSB新标准强调商科人才伦理道德和社会责任感的重要性。新标准认为，对于个人来讲，正确的伦理价值观促使个体做出正确的选择，易于对事物产生共同的情感从而维护整体利益；对于商学院而言，注重伦理价值观的培养有利于全球经济领域的和谐发展。

AACSB新标准在课程内容中，对各种层次学位学生的伦理道德制定了相应的认证标准。例如，学士及其以上学位的学生应具备道德理解力和逻辑推理能力（能够区分道德问题，并做出负责任的回应），所掌握的一般性的工商管理知识领域涵盖社会责任、可持续性发展理念、道德行为、管理方法等。无论学位、知识水平、实践能力的高低，伦理道德始终是教育培养中不容忽视的一个重要方面。

3. 重新定义"学术研究"引导人才培养质量提升

与经济学、心理学、社会学等传统学科和专业相比，商学院更类似于"职业学校"，肩负联结理论和实践的重任，把握好二者之间的平衡很重要。之前，大多数商学院为了通过认证，将学院发展的重点放在学术研究上，结果导致学生和教师在实践能力、跨学科研究能力和灵活运用能力等方面的缺失。这种倾向性背离了商学院设立的初衷。

AACSB意识到问题的严重性，提出商学院的"学术研究"不只是通常意义上所说的基于学科的研究，而是能够做出各种智力贡献并为经济发展创造价值。此时的"智力贡献"强调是在商务管理领域的理论、实践和教学中产生的原创性成果，主要分为三类：基础发现性成果（产生和传播新知识、理解或开发新方法，通常旨在影响商业和管理的理论、知识和实践）、应用或整合性成果（综合对知识或技术的新理解或解释；开发新技术、工艺、工具或用途；改进、开发或改进基于现有知识的新方法，通常旨在影响企业和管理实践）、教学和学习成果（发展和提出新的理解、见解，以及影响学习行为的教学内容和方法，通常旨在影响商业和管理学的教学），成果形式可以是期刊论文、专著、会议论文集、教材、案例和其他教学材料等，具有多样化的要求。

与此同时，新标准对学生科研进行了正确引导，希望通过科研活动培养学生的管理实践能力，使学校成为商业精英的"摇篮"，从而吸引更多的优质生源形成良性循环。而且，新标准将"参与度"列入科研和实践的内涵中，有利于改变以往单纯地将商学院的"科研成果"（学术期刊所发表的文章数）和"教学有效性"（学生对教师的评估）作为评判学院质量的基准，学院的整体能力得到重

视。同时，新标准认为，若商学院研究成果不能解决当前经济发展中的"瓶颈"，只是关注个体科研成果的话，科研也终将丧失创造性。

4. 强调商学院利益相关者的互动与影响

商学院在发展过程中要积极谋求社会、企业、雇主等利益相关者的经验和意见，根据社会发展需要、雇主对毕业生的满意度等调整商学院发展的整体态势。商学院与兄弟院校、社会、国际之间的互动与沟通同等重要。AACSB 通过设置较高的标准给予商学院一定的挑战，促使其追求创新并持续改进，从而在全球改革的浪潮中发挥积极的引领作用。

商学院发展的最终目的是促进社会进步，为所在区域创造增值服务是卓越商学院的使命之一。新标准将商学院的办学目标定位于：充分发挥商学院的驱动作用，为学生、教师及其所在的区域创造价值和增值服务；在关注商学院质量的同时，促进学院通过学术教育和发现、创造新知识而扩大自身影响力；鼓励院系、学生和教师的全力投入和积极参与，发现交叉学科中关于商科的重大意义，共创、分享学术知识和实践经验。共创与分享、参与和贡献是扩大商学院影响力的必经之路，也是社会经济繁荣之道。

5. 关注学生学习成果保障机制的构建

AACSB 新标准强调学生在学习中的主体地位，在具体标准的陈述中，较少提及教学（teaching），使用最多的是学习，尤其关注学生学习成果保障机制的构建，从课程管理（curriculum management）、课程内容（curriculum contents）、师生互动（faculty-students interactions）、学位项目水平、结构与等效性（degree program educational level，structure and equivalence）、教学效果（teaching effectiveness）五个方面，对保障学生学习的有效性进行了制度化的设计和规定，形成了一个相对"闭合"、可操作性极强的质量保障体系。

在课程管理方面，AACSB 要求学士、硕士、博士不同层次的学位计划都必须有清晰的培养目标，并根据培养目标设计、实施、改进相应的培养方案，通过系统化的流程记录下培养目标在具体教学过程中的实现。在培养目标的设计上，充分吸纳教师、学生、雇主、校友、政府的观点和意见，并为每个学生设计相应学位计划的"学习档案袋"，展示学习目标的实现过程；如果没有达到这些学习目标，商学院就必须完善制度设计努力消除这种不足。

在课程内容方面，AACSB 要求课程设计必须从学习目标、学习结果的一致性出发进行课程和课外活动设计，教师既要告诉学生每门课程的具体学习目标，又要告诉学生通过每门课程的学习自身所应习得的知识、能力和素质；这些知识和能力目标必须与学位项目性质相一致。同时，新标准鼓励学生除了完成相关的阅读、研究与作业之外，还要主动参与各种实习实践，以确保知识、技能和素质能够适应社会实践的发展要求，从而提高雇主对商学院人才培养质量的满意度。

在教学方式的选择上，AACSB 更强调案例讨论、行动学习等参与式学习方式的引入和运用，通过师生之间、生生之间的互动交流，达成学习目标的实现。AACSB 强调要把学生的满意度作为教学质量改进的目标和依据，更加突出了"学生为中心"的教育理念。

在学位教育项目水平、结构与等效性方面，AACSB 要求商学院在学习年限、学习形式等方面的设计，要符合学位教育项目的层次要求，以确保实现高质量的培养目标；颁发相同学位证书的项目要确保在结构和设计上保持同等水准；要求在秉持"质量至上"意识的前提下，可以结合自身实际，采用多样化的教学模式。

在教学效果方面，AACSB 指出，教学质量是对教师和行政人员业绩综合评价的结果。所以，商学院在学位项目和教学模式上要有相应的政策和制度设计以加强教师的教学效果，并提高与教学相关的行政人员的服务水平；同时强调加强教学论研究是提升教学能力、加强教学效果的重要抓手。

总之，AACSB 强调各商学院要建构出"使命驱动、持续改善"的人才培养体系和质量保障体系，确保商科人才培养质量能够符合所在区域的社会经济发展需求，能够满足用人单位对商科人才知识、能力和素质的要求；能够保证教师、学生、家长、政府、社会各相关方的利益；能够为社会创造价值和增值服务，推动社会经济繁荣发展。

第4章 地方高校商科人才核心
能力特征的调查研究

　　随着经济全球化的蓬勃发展，全球商品、资本、劳务与人员、金融以及其他服务等的流动达到了前所未有的规模。在此背景下，我国的商科教育得到了空前的发展，商科正在成为目前我国高等教育中最炙手可热的学科之一。根据教育部网站信息，截至 2019 年 6 月 15 日，全国高等学校共计 2956 所，其中，普通高等学校 2688 所（含独立学院 257 所），成人高等学校 268 所，以及这些院校中提供商科教育的机构超过 1400 所，这无疑显示出经济社会对商科教育以及商科学生的旺盛需求。

　　但与旺盛的需求形成鲜明对照的是，许多用人单位对商科学生的工作能力及实际表现并不满意，大学生与用人单位在对学生能力期望的认知方面也存在一定的差异。例如，美国大学与雇主协会（National Association of Colleges and Employers）针对 4213 位大学毕业生和 201 位雇主做了一个 2018 年就业前景调查，结果显示，近 90% 的大四学生认为自己具备专业技能与职业道德，但只有 42.5% 的雇主对此持相同看法。在沟通能力和批判性思维思考能力上，近 80% 的学生认为自己已经具备这两项能力，但只有 41.6% 和 55.8% 的雇主对上述两种能力表示认同。在国内，提供高等教育管理数据与解决方案的专业公司——麦可思公司研究发现，在毕业生各项工作能力中，用人单位认为需求度较高的工作能力为"职业规范与职业道德""沟通与表达能力""团队协作能力"，其次是"自主学习能力""服务意识""动手操作能力""问题分析能力"。在用人单位解聘毕业生的主要理由分布上，排在第一位的是"工作能力达不到要求"。这与大学生自己的认知显然具有较大差异。由此带来以下三个关键问题：第一，商科学生究竟应该具备哪些核心能力。第二，这些核心能力如何在学校得到有效的培养。第三，如何评价学生是否具备了上述核心能力。

　　只有清晰地回答了上述问题，商科院校在开展各项教学活动时才能做到导向明确，有的放矢。同时，社会及用人单位等各利益相关者也才能对各商科院校及其培养的学生形成较为准确的定位和质量评价，并通过分析学生在商业实践中的表现向学校提供需求反馈和改革建议，帮助商科院校在培养学生能力时能够更加聚焦、更加切合实际，从而更为充分地彰显商科院校的使命。

首先进行能力观视角下的人才培养质量研究；其次对商科人才核心能力的评价要素进行分析；最后通过对北京、上海、广州 3 个城市 6 所院校学生的问卷调查，分析不同地区、不同性别、不同学习背景、不同年级的学生之间对商科学生应具备的人才核心能力特征的看法，以便对商科院校在培养方案设计以及课程建设、学生课内外活动等方面提供借鉴。

4.1　人才培养质量与人才核心能力的逻辑关系

人才培养质量与人才核心能力之间存在密切关系。一方面，人才培养质量决定了人才核心能力；另一方面，人才核心能力也映射出一所高校人才培养质量的高低。下面将从能力观视角下的人才培养质量研究和商科人才核心能力的评价要素两个方面进行详细阐述。

4.1.1　能力观视角下的人才培养质量研究

关于人才培养质量，国内外学者的研究成果颇丰。通过对学者的相关研究进行归纳分析，发现目前对人才培养质量的研究主要侧重于人才培养质量观的研究、人才培养质量评价的研究、人才培养质量内涵的研究及人才培养质量保障体系的研究等方面。针对人才培养质量观的研究，又主要分为要素观、发展观和能力观三个方面。

按照能力观角度，孙泽平、何万国（2010）提出本科人才质量体现在基本能力、专业能力和综合素质方面；郑家茂等（2008）认为高等教育的质量及所培养学生的能力要满足不同利益主体的期望。通过本次问卷调查，项目组成员赞成上述观点，即高等学校的人才培养质量可以而且应该通过其毕业生的能力高低来进行衡量。特别是，对于毕业 5 年以后的学生，学校的培养目标是否达成，其最重要的评价指标就是其毕业生的能力体现。可见，高等教育人才质量要适合个体需要；要符合社会需求以及各利益主体期望；要具备较好的核心能力，包括通用能力和专业能力，以满足学生终身学习和不断成长的需要。

4.1.2　商科人才核心能力的评价要素

商科涵盖范围广、涉及专业多，而且不同的国家、不同大学在专业细分上也有一定的差异。但总的来说，商科以金融、会计、管理、经济学四大专业为代表。商科领域对学生从业的要求比较高，因此，除了必须具备的专业能力以外，商科学生还应该具备较强的通用能力。目前，业界对学生专业能力的认知比较统一，但是对学生的通用能力却有不同的理解和考量。下面通过对国内外不同学者对商科学生通用能力研究的梳理比较，总结出较为核心的商科学生通用能力。

1. 我国学者对商科学生通用能力的研究

国内许多学者对我国商科学生应具备的通用能力进行过研究。陆江东和颜莉霞（2012）根据商科类专业的培养目标，认为学生需具备以下通用能力：修身，即自我发展能力；齐家，即团队协作能力；治企，即资源使用及管理能力；运筹，即运营管理方面能力。沈阳师范大学的才宇舟和赵慧娥（2010）指出，商科大学生的跨文化交际能力培养是其职业力培养的重中之重。胡延吉和梁红（2013）将大学毕业生应该具备的能力概括为六大类：个人素质、职业素质、适应能力、创新能力、专业能力和领导能力。

另外，刘丽玲和吴娇（2010）通过对管理类和经济类大学毕业生以及用人单位的调查研究发现，"用人单位认为，沟通能力、问题解决和决策能力及自我管理能力不仅是大学毕业生必备的能力，而且也是他们普遍欠缺的能力"。范巧和胡伟清（2010）基于对 50 家用人单位招聘要求的整理，进行了深入的需方视角下的经济管理类大学生实践能力研究，最终得出以下结论：单位对经济管理类大学生的一般实践能力要求主要包括学习能力、表达能力、沟通协调能力、心理健康能力、团队协作能力、身体健康能力、组织管理能力、吃苦耐劳能力、计算机应用能力、外在表现能力、内在品行能力、一般经验能力、诚实勤奋精神、敏捷思维能力、勇于开拓精神、创新能力、应变能力、逻辑能力等 18 类。

2. 欧美国家关于商科人才的能力标准

赵叶珠和程海霞（2016）在其《欧洲新学位制度下"商科"能力标准及课程体系》论文中，介绍了进入"欧洲教育调整计划"加盟院校的大学毕业生应具备的胜任能力。该能力可分为一般能力和学科特定能力。其中一般能力是商科大学生必须具备的基本素质，与专业无关，具有可迁移性。这种一般能力非常类似于我国高等教育中所包含的通用能力。

经过两次对各种利益相关者进行的大规模问卷调查，采用多维度测量的方法对调查结果进行定性和定量的研究分析，"欧洲教育调整计划"研究小组最终确定了构成商科"三级"学位能力的指标体系，其中本科为第一级。通过对其关键性一般能力的描述，可以抽象出以下几个商科本科学生能力要求的关键指标：在专业领域内运用知识的能力；信息搜索及运用软件进行分析的能力；表达及交流沟通能力；自我管理能力；可持续学习和发展的能力；以符合道德的行为完成特定角色的能力。

陆江东和颜莉霞（2012）总结了美国劳工部归纳的劳动者需具备的三项基本素质和五项基础能力，其中三项基本素质是：听读写算的基本素质、思维素质和道德素质；五项基础能力是：合理利用与支配各种资源的能力、处理人际关系的能力、获取信息并利用信息的能力、系统分析能力、运用多种技术的能力。

3. AACSB 认证视角下商科学生通用能力的组成要素

如前所述，AACSB 认证是全球商科认证中最具代表意义的认证。在其新标准中，对商科学生的一般技能领域进行了清晰的界定，包括：书面和口语交流（能使用口语和文字形式进行有效交流）；道德的理解和推理（能识别道德问题，出于对社会负责的方式解决道德问题）；分析性思维（能分析和解决问题）；信息技术（能将现有的信息技术运用在商业和管理情境中）；人际关系和团队合作（能在团队中与其他人进行有效协作）；多元、跨文化的环境（能在多元环境中高效率地开展工作）；反省性思维（能在社会大背景下自我反思）；知识的运用（能将商业和管理学的理论进行应用实践）。

4. 本次调研中对商科学生通用能力的界定

通过对上述不同学者以及 AACSB 认证标准中对商科学生通用能力论述的分析总结可以看出，政府、社会以及用人单位等对商科学生所应具备的通用能力基本上达成了共识，即社会和用人单位对商科学生能力类型的需求是基本相同的，只是因为不同商科院校的使命不同，所以人们对这些通用能力的解读有所区别，主要体现在对其程度的要求上。例如，以培养"商界领袖"为使命的商学院和以培养"商界骨干"为使命的商学院，虽然都需要培养学生的国际视野，但是对此的教学要求和评价标准一定会存在差异。

鉴于此，本次调研对商科学生应该具备的通用能力定义为以下五个方面：（1）具有自觉的伦理观念和良好的职业道德；（2）具有善用现代信息技术和方法分析解决问题的能力；（3）具有组织管理能力与团队合作精神；（4）具有国际视野和跨文化交际能力；（5）具有批判性思维能力。从全面考查学生能力培养的角度出发，本次调研将学生"具有本专业基本知识和基本技能"作为第六个方面的能力纳入进来。下面将通过问卷调查的形式详细分析上述商科人才的六个核心能力。

4.2　关于商科人才核心能力的调研分析

本次调研采用问卷调查的方法开展数据调查、收集及统计分析,具体如下。

4.2.1　调研方法与设计

调查问卷的设计依据主要是基于北京联合大学修订 2015 版培养方案时商科各专业针对企事业单位以及国内外同类商科高校等的调研结果,在此基础上通过阅读相关文献、课题组成员反复研讨,并参考 AACSB 国际商科认证标准设计而成。其目的是为了更好地了解地方商科高校学生对商科人才培养目标的认知,并通过他们在学习过程中的切身感受及经历评价学校对学生通用能力及专业能力的培养情况;同时,调查了解学生对所在院校对学生能力培养的更多期望及需求,以便为学校设定培养目标、完善培养方案提供有价值的参考借鉴。

调查问卷(详见附录:1. 关于商科人才能力特征的调查问卷)共包括三个部分。第一部分为被调查学生的个人基本信息,主要包括学生所在学校,学校所在地区,学生所学专业,学生的性别、年级以及高中时的学习背景等信息;第二部分是关于商科院校学生所应具备的一般能力特征的调查,包含伦理道德和职业素养、具有善用现代信息技术和方法分析解决问题的能力、团队协作及交流沟通能力、国际视野、批判性思维能力、专业知识和技术的运用能力 6 个方面共计 21 个问题;第三部分是开放性题目,希望了解被调查者关于商科学生还应具备哪些能力并在培养方案中予以体现、学生对自己就学的专业最注重对学生哪些能力的培养以及作为商界骨干应该具备的最重要的 5 种能力。

4.2.2　问卷调查的实施及数据处理

1. 调研对象

本次问卷调查数据来源于上海、广州、北京 3 个城市的 6 所地方商科院校,包括北京联合大学、上海商学院、上海对外经贸大学、上海理工大学、广东财经大学、广东外语外贸大学。学生所在的专业主要集中于金融学、财务管理(会计)、市场营销,还有一定比例的国际经济与贸易、工商管理等专业的学生和少量的国际商务、电子商务、税收学等专业的学生。被调查的学生分布在 10 个专业,数据覆盖范围较广。除此之外，学生的学习背景中，文科学生和理科学生基本上各占一半；样本中男生偏少，占比为 20.3%，这与一般商科院校女生偏多男生偏少的基本事实相符；被调查者中约有 63% 的学生为大三学生，除毕业班外，这些学生在学校学习的时间最长，对学校的培养目标、教学要求最熟悉，参与各种社会实践的体验及经验最多，对用人单位对学生的期望了解更深入，因而他们的态度及观点更具代表性，更能够客观地反映现实情况。详细数据分布如表 4-1 所示。

表 4-1 样本基本情况统计

类别		人数（人）	百分比（%）
学校	上海对外经贸大学	20	9.9
	上海商学院	14	6.9
	上海理工大学	46	22.8
	广东财经大学	26	12.9
	广东外语外贸大学	24	11.9
	北京联合大学	72	35.6
	合计	202	100.0
学校所在地区	北京	72	35.6
	上海	80	39.6
	广州	50	24.8
	合计	202	100.0
学生所在专业	英语、新闻、经济、公共事业	9	4.5
	国际商务	2	1.0
	市场营销	29	14.4
	金融学	78	38.6
	财务管理（会计）	45	22.3
	国际经济与贸易	10	5.0
	信息管理与信息系统、电子商务、物流	6	3.0
	税收学	4	2.0
	人力资源管理	7	3.5
	工商管理	12	5.9
	合计	202	100.0

续表

类别		人数（人）	百分比（%）
年级	一年级	21	10.4
	二年级	46	22.8
	三年级	127	62.9
	四年级	8	4.0
	合计	202	100.0
性别	男	41	20.3
	女	161	79.7
	合计	202	100.0
高中时学习背景	理科学生	109	54.0
	文科学生	93	46.0
	合计	202	100.0

2. 研究程序

本次调研以问卷调查的形式展开。共发放 228 份纸质问卷，回收完整问卷 228 份，回收率为 100%。在数据整理时，剔除 26 份无效问卷，有效问卷共计 202 份，有效问卷率为 88.6%。对于个别问卷中个别问题的不规范回答，采用相近替代办法处理。

3. 信度和效度分析

在基于商科院校学生所应具备的一般能力特征的调查问题中，采用李克特 5 级量表测试学生对具体问题重要性的感知判定情况。用 1 ～ 5 分别代表"极不重要""不太重要""一般重要""比较重要""非常重要"5 个等级。本次问卷全部采用单选题方式。利用 SPSS13.0 对数据进行分析，问卷的信度分析和效度分析分别如表 4 - 2 和表 4 - 3 所示。

表 4 - 2　　　　　　　　　调查问卷的信度分析

类别	Alpha 系数	项数
整个问卷	0.964	21
伦理道德职业素养	0.886	3
利用现代信息技术和方法分析解决问题的能力	0.900	4

续表

类别	Alpha 系数	项数
团队协作及交流沟通能力	0.827	3
国际视野	0.883	3
批判性思维能力	0.899	6
专业知识和技术的综合运用能力	0.795	2

从表 4 - 2 可以看出，整体而言，整个问卷的同质性很高，Alpha 系数为 0.964，这说明该调查问卷具有较好的一致性和稳定性。

表 4 - 3   调查问卷的效度分析

通用能力	系数及显著性	职业伦理素养	处理基本问题的能力	沟通协作能力	国际视野	批判性思维能力	专业综合能力
伦理道德职业素养	Pearson 相关系数	1	0.823 **	0.915 **	0.895 **	0.835 **	0.941 **
	显著性（双侧）		0.000	0.000	0.000	0.000	0.000
利用现代信息技术和方法分析解决问题的能力	Pearson 相关系数		1	0.705 **	0.698 **	0.624 **	0.680 **
	显著性（双侧）			0.000	0.000	0.000	0.000
团队协作及交流沟通能力	Pearson 相关系数			1	0.798 **	0.686 **	0.845 **
	显著性（双侧）				0.000	0.000	0.000
国际视野	Pearson 相关系数				1	0.742 **	0.802 **
	显著性（双侧）					0.000	0.000
批判性思维能力	Pearson 相关系数					1	0.738 **
	显著性（双侧）						0.000
专业知识和技术的综合运用能力	Pearson 相关系数						1
	显著性（双侧）						

注：** 代表在显著性水平为 0.01 时显著（双侧）。

从表 4 - 3 可以看出，各题项与测量主题具有显著的相关性（Pearson 相关系数均大于 0.6，显著性均小于 0.01），说明问卷具有较好的内容效度。

4.2.3 研究结果与分析

下面从学生对伦理道德职业素养、利用现代信息技术和方法分析解决问题的能力、团队协作及交流沟通能力、国际视野、批判性思维能力、专业知识和技术的综合运用能力6个方面的观点及选择进行详细分析。另外，对3个开放性题目的统计结果也进行深入的剖析。

1. 伦理道德职业素养

调查数据显示，77.7%的学生认为"理解伦理道德的概念及相关理论"非常重要或比较重要；83.7%的学生认为应该"了解并具备商科从业人员所应具备的职业道德素养"；84.7%的同学认为对于商界从业人员而言，应该"掌握商务领域的相关法律、法规和制度"。与伦理道德相比较，被调查者更加看重具备职业道德和掌握相关的法律、法规。

从调研结果上还可看出，不同性别、年级和不同学习背景的学生在伦理道德方面、职业道德素养方面和应掌握的相关法律、法规方面不具有显著差异，但是不同地区的学生在这3个方面具有显著差异。通过多重比较（如方法LSD）发现北京市和广州市的学生没有显著差异，但均比上海市的学生更加看重伦理道德、职业道德和法律法规。这从表4-4、表4-5 3个城市的方差分析结果可见一斑。

表4-4　　　3个城市学生伦理道德、职业素养和法律法规的方差分析

因变量	离差来源	离差平方和	自由度	均方差	F值	p值
伦理道德、职业素养和法律法规意识	组间方差	10.692	2	5.346	6.526	0.002
	组内方差	163.013	199	0.819		
	总方差	173.705	201			

表4-5　　　3个城市学生伦理道德、职业素养和法律法规的多重比较

因变量	(I) 学校所在地区	(J) 学校所在地区	均值差异(I－J)	标准误	p值
伦理道德、职业素养和法律法规意识	北京	上海	0.48935 *	0.14703	0.001
		广州	0.05019	0.16661	0.764
	上海	北京	－0.48935 *	0.14703	0.001
		广州	－0.43917 *	0.16316	0.008
	广州	北京	－0.05019	0.16661	0.764
		上海	0.43917 *	0.16316	0.008

注：*代表在0.05水平下均值差异是显著的。

2. 利用现代信息技术和方法分析解决问题的能力

研究结果表明，大多数学生认为商科学生应该具备分析及处理问题的能力和手段，选择"比较重要"和"非常重要"的比例达 83.2% 。在进一步的调查中发现，面对处理问题的能力和不同手段中，同学们更加倾向于能够运用现代信息技术进行信息收集、处理、评价和有效利用，约有 84.2% 的学生认为这种能力比较重要和非常重要。

在针对掌握定性研究方法和定量研究方法的重要性调查中，约有 78.7% 的学生认为掌握定性分析商务问题的相关方法很重要，而认为掌握定量分析方法很重要的学生比例略低，约为 76.7% 。

通过对这部分调查数据的详细分析发现，不同性别、不同地区、不同年级和不同学习背景的学生在对"利用现代信息技术和方法分析解决问题的能力"重要性方面的看法基本一致，不具有显著差异。在对定性研究方法和定量研究方法的重要性调查中，广州市和北京市的学生比上海市的学生更加重视这两种方法。受篇幅所限，详细的研究结果数据不再赘述。

3. 团队协作及交流沟通能力

总体而言，绝大多数学生认为沟通协作能力比较重要或非常重要，调查结果显示出同学们更加看重具有较强的团队合作意识和团队合作能力，这一比例达 86.6% 。而对于是否应该具备"掌握组织管理基本理论和方法，并能建立良好的组织环境"的能力，同学们的态度显示出对这一能力的认同度不是很高，只有 76.2% 的学生表示其比较重要或非常重要。另外，在表达和交流能力方面，仅有 75.7% 的学生认为具有较强的中、英文表达及交流能力比较重要或非常重要。

值得注意的是，不同地区的学生在组织管理基本理论和方法方面看法不同，广州市的学生更加注重组织管理的基本理论。不同地区、不同学习背景的学生在关于沟通协作能力的看法方面差别比较大，其中文科学生比理科学生更加重视团队合作意识和团队合作能力，同时广州市和北京市的学生对团队合作的认可度比上海市的学生要高。具体结果如表 4-6、表 4-7 及表 4-8 所示。

表 4-6   3 个城市学生关于组织管理和团队合作的方差分析

因变量	离差来源	离差平方和	自由度	均方差	F 值	p 值
掌握组织管理基本理论和方法，并能建立良好的组织环境	组间方差	10.372	2	5.186	5.659	0.004
	组内方差	182.36	199	0.916		
	总方差	192.732	201			

续表

因变量	离差来源	离差平方和	自由度	均方差	F 值	p 值
具有较强的团队合作意识和团队合作能力	组间方差	15.486	2	7.743	9.157	0
	组内方差	168.281	199	0.846		
	总方差	183.767	201			

表 4-7   3 个城市学生关于组织管理和团队合作的多重比较分析

因变量	(I) 学校所在地区	(J) 学校所在地区	均值差异 (I-J)	标准误	p 值
掌握组织管理基本理论和方法，并能建立良好的组织环境	北京	上海	0.368*	0.156	0.019
		广州	-0.179	0.176	0.310
	上海	北京	-0.368*	0.156	0.019
		广州	-0.548*	0.173	0.002
	广州	北京	0.179	0.176	0.310
		上海	0.548*	0.173	0.002
具有较强的团队合作意识和团队合作能力	北京	上海	0.414*	0.149	0.006
		广州	-0.271	0.169	0.111
	上海	北京	-0.414*	0.149	0.006
		广州	-0.685*	0.166	0
	广州	北京	0.271	0.169	0.111
		上海	0.685*	0.166	0

注：*代表在 0.05 水平下均值差异是显著的。

表 4-8   具有较强团队合作意识及合作能力的独立样本 t 检验结果

因变量	学习背景	均值	t 值	p≤
具有较强的团队合作意识和团队合作能力	理科学生	4.16	-2.211	0.028
	文科学生	4.25		

4. 国际视野

调研结果显示，大多数学生认为商科学生应该具备较宽广的国际视野，具体体现在：应具有识别国际商务活动中文化多样性的意识；应具有了解国际政治、经济、社会等因素影响商务活动的作用机制的能力；应具有能够识别分析国际政治、经济、社会等因素对商务活动的影响的能力。对上述三个问题认为比较重要或非常重要的学生比例分别为 73.8%、77.7%、75.2%。

深入分析后发现，文科背景的学生比理科背景的学生思想更加开放，对拥有国际视野的重视程度更高，特别是在具有识别国际商务活动中文化多样性的意识和了解国际政治、经济、社会等因素影响商务活动的作用机制这两个方面显示出与理科背景的学生存在显著差异，如表 4 - 9 和表 4 - 10 所示。而不同性别、不同地区、不同年级的学生不具有显著差异。

表 4 - 9　　　具备识别国际商务活动中文化多样性意识的独立样本 t 检验结果

因变量	学习背景	均值	t 值	p ≤
具有识别国际商务活动中文化多样性的意识	理科学生	3.86	- 2.314	0.022
	文科学生	4.16		

表 4 - 10　　　了解各种因素影响商务活动作用机制的独立样本 t 检验结果

因变量	学习背景	均值	t 值	p ≤
了解国际政治、经济、社会等因素影响商务活动的作用机制	理科学生	3.85	- 2.602	0.010
	文科学生	4.20		

5. 批判性思维能力

研究结果表明，73% 以上的学生认为对于商科学生而言，具备良好的批判性思维能力比较重要或非常重要，这包括以下几个方面：能够对商科知识和实践活动进行正确的定义、划分及特征总结；能够发现问题、提出问题，并为分析论证找到可靠、有效的证据；能够通过分析论证做出理性的判断，并提出解决方案；能够对论证过程及内容进行科学严谨地表达；能够对评估过程及结论进行自我审查、反思和校正。在此基础上，具有创新思维，能够提出新问题或新方法。

调查结果还显示出，拥有文科学习背景的学生比理科背景的学生更加看重能够对商科知识和实践活动进行正确定义、划分及特征总结的能力，在这一点上，不同学习背景的学生存在显著差异，如表 4 - 11 所示。并且，不同地区的学生具有显著性差异，北京市和广州市的同学更加看重批判性思维能力。对于其他方面，不同性别、不同年级的学生不具有显著差异。

表 4-11 学生应具备能够对商科知识和实践活动进行正确定义、划分及
特征总结的能力与学习背景的独立样本 t 检验结果

因变量	学习背景	均值	t 值	p≤
能够对商科知识和实践活动进行 正确定义、划分及特征总结	理科学生	3.76	-2.129	0.034
	文科学生	4.05		

6. 专业知识和技术的综合运用能力

针对专业知识和技术的综合运用能力方面,大部分学生认为比较重要或非常重要。其中,约79.2%的学生认为掌握本专业的基本概念、原理和方法比较重要或非常重要;86.1%的学生认为具备应用专业知识和工具解决实际商务问题的能力比较重要或非常重要。上述结果显示出学生对拥有较强专业能力的积极态度及较高的专业追求。

另外,数据分析结果显示出,不同性别、不同学习背景、不同地区、不同年级的学生在针对专业能力方面的看法不具有显著差异,在课题组调查的 3 个城市6 所大学的学生中没有显示出不同。

7. 对开放性题目的统计分析

为了不禁锢被调查者的思想,本次调查还设立了 3 个开放性问题。下面是对这 3 个问题的统计结果及简要分析。

(1)"商科学生还应具备哪些能力并在培养方案中予以体现"。在针对这个问题的调查中,北京、上海、广州 3 市的许多学生不约而同地认为最应该具备"沟通、交流、交际类能力"并在培养方案中予以体现,其比例分别为15.8%、15.3% 和16.7%。对这个问题的认知,没有地域和学习背景的差异,但是男女生表现有较大不同。在女生组约20.3%的被调查者将"沟通、交流、交际类能力"排在第一位,但是在男生组这一能力被放在了比较靠后的位置,排在第一位的是"批判性、思辨性能力"。男生还普遍认为应该具备良好的"专业知识和专业技能""定性、定量分析能力"以及对"时局、形势、政策、商机"的把握,对这方面的课程和学习内容需求强烈。

另外,统计结果还显示出,被调查者认为对商科学生而言,还应该具备较强的实践性、操作性能力;团队合作能力;批判性思维及创新思维能力。尤其是来自上海市的学生更加倾向于逻辑思维、推理推断等思维能力,以及理性的、严谨的分析问题的能力。除此之外,文科背景的学生更注重从实践中学习并提升自己,重视自主学习能力和平时的积累;而理科背景的学生则更加注重所在院校、

专业对学生的领导能力、决策能力的培养。

（2）"就学的专业最注重对学生哪些能力的培养"。针对该问题的统计分析结果表明，北京、上海和广州3市的学生都将对沟通、交流、交际类能力的培养排在第一位，北京市的学生排在第二位的是对专业相关基本原理及方法、专业基础知识、专业技能、专业素养的培养；上海市的学生将外语类或英语类的能力培养排在第二位。广州市的学生将团队合作排到了第二位。这与前面商科学生还应具备哪些能力的需求是匹配的，反映出3个城市6所不同的院校在人才培养方面的基本理念以及主要做法没有本质差异，但同时也反映出北京、上海、广州3市略有不同的区域特征。

北京市的学生排在第三位的是理性的、严谨的分析问题的能力，而上海市的学生则将培养学生团队合作、增强团队协作意识方面的能力排在第三位。从学生的回答中可以比较充分地看出，学生对自己就学的专业对学生能力培养的实际情况与他们的需求是基本一致的，对2个主观题的答案是匹配的。

（3）"作为商界骨干，你认为应具备的最重要的5个能力是什么"。调查统计结果显示出，对于商界骨干应具备的最重要的5个方面的能力，来自广州市和上海市的学生给出的答案基本是相同的，只是排序略有不同。这5个能力分别是：交流沟通能力、团队合作能力、领导和决策能力、批判性思维和创新思维能力以及管理、组织、协调、规划、统筹等方面的能力。

来自北京市的学生的答案中有4个方面的能力与广州市、上海市的学生相同，即上面所述的前4种能力。与广州市、上海市学生答案不同之处在于，北京市的学生认为专业知识、专业技能、专业素质方面的能力属于商界骨干最应具备的前5种能力之一，而广州市和上海市的学生则将管理、组织、协调、规划、统筹等方面的能力纳入前5种能力之中。这一点体现出，北京市的学生除通识能力以外，还比较关心专业核心能力，而上海、广州2市的学生则更倾向于对通用能力的认同和青睐。

4.3　关于地方高校商科人才能力特征的研究结论

本调研针对北京、上海、广州3市的6所地方商科院校在校大学生进行了关于商科人才能力特征的深入调查及研究，从伦理道德职业素养、利用现代信息技术和方法分析解决问题的能力、团队协作及交流沟通能力、国际视野、批判性思维能力、专业知识和技术的综合运用能力6个方面全方位地深入分析了不同地区、不同性别、不同学习背景、不同年级的学生之间对商科学生应具备的一般能力的看法以及对上述各种能力重要程度的理解，得出以下结论。

（1）不同地区、不同年级和不同性别的学生在上述 6 个商科学生应具备的能力方面均持有基本一致的观点，从调查统计结果上看，没有显示出显著差异。这表明，对商科学生应具备的基本能力已经在不同年级的学生中基本上取得共识。另外，因为北京、上海、广州 3 市均属于高度发达地区，商业氛围浓厚，商务活动频繁，城市及学校的环境及氛围对学生也许发挥了潜移默化的影响作用，并在他们的认知及观点等方面有所显示。

（2）本次调研发现，不同学习背景的同学在多个方面显示出显著差异。具体为：拥有文科学习背景的学生比理科学习背景的学生更加重视团队合作意识和团队合作能力；更加注重对组织管理基本理论和方法的掌握以及对建立良好组织环境能力的认可；思想更加开放，对拥有国际视野的重视程度更高；更加看重能够对商科知识和实践活动进行正确定义、划分及特征总结的能力。这一研究结果应该受到被调查的 6 所商科院校以及其他同类商科院校的重视，并在招生、实施教学活动、进行商务实践等环节有针对性地开展工作及因材施教。对于文科背景的学生，应给他们创造更多的开阔视野、团队合作以及自我表现的机会，充分发挥他们思想开放、想象力丰富、做事灵活、易于接受新生事物、组织管理能力强等优点，激励他们脱颖而出，更上一层楼。对于理科背景的学生，要想方设法鼓励他们更好地融入团队，勇于展现自我。既发挥他们理性、逻辑性强、做事严谨的优势，也引导他们加强与团队同学的交流，提升表达沟通能力及包容意识。这一调研结果也可以用来指导学生自己进行认真的反思，了解自己的优势和不足，并在自己擅长的领域中投入更多的时间和精力去激发创造力，获得更好的表现；对于自己的短板和不足，也要有意识地克服和弥补。作为教师，在教学设计上要因材施教、因势利导，不断提高全体学生的通用能力及专业能力，以便更好地服务于我们的国家和社会，为国家和世界的腾飞做出应有的贡献。

（3）本次调研还显示，被调查者认为"最应该具备沟通、交流、交际类能力"并在专业培养方案中予以体现；在"就学的专业中最注重对学生哪些能力的培养"问题中，3 个城市的学生都认为学校对沟通、交流、交际类能力的培养排在第一位；对于商界骨干应具备的最重要的 5 个能力，来自 3 市的学生答案中有 4 个能力选择相同，分别是交流沟通能力、团队合作能力、领导和决策能力、批判性思维和创新思维能力。这充分显示出通用能力在学生培养过程中的重要地位和作用，也提示商科院校在培养方案设计以及课程建设、学生课内外活动等方面对学生通用能力培养的重要性及紧迫性。

第 5 章　AACSB 认证标准下高校人才培养质量保障体系的比较

5.1　AACSB 认证标准下的质量保障体系

教育教学质量是所有高校的生存与发展的根本。因此，所有高校都格外重视在内部建立一套行之有效的教育质量保障体系。AACSB 经过百年的发展，在这方面探索并不断完善，最终形成了一套适应全球商科教育教学的质量保障体系建设与实施规范。而各个申请或通过 AACSB 认证的高校基于此标准，在自身原有质量保障体系基础上加以完善并形成各自特色的质量保障体系。

5.1.1　构建质量保障体系的核心精神与指导原则

AACSB 认证标准要求：一个高质量的商学院应为每个学位项目制定合适的学习目标，同时要设计和推行培养方案，使实现此学习目标的可能性最大化。AACSB 的学习品质保障标准主要从"使命驱动持续改进"的理念出发，依据"效果评估"的概念，侧重对学生学习效果进行评估。此理念的基本理论依据和国际本科工程学位互认协议《华盛顿协议》倡导的"学生中心、成果导向、持续改进"是一致的。该理念主张教育过程中学生占主体地位的价值诉求，注重学生对知识和技能的掌握，强调教师应该扮演好引导者与辅助者的角色。提出高校应该根据使命预先设计学生学习效果目标，根据预期的学习效果遵循逆向设计、正向实施原则，组织、实施和评价教学质量，形成持续改进教学质量的闭环系统，保障学生朝着预期的方向发展。

5.1.2　AACSB 给出的 AoL 运行的基本流程

1. AACSB 的 AoL 基本流程分为以下三个核心环节

AACSB 的学习保障体系就是一个用来评价学位项目的学习目标是否达成以及达成程度的评估体系。它最核心的环节包括依据使命制定学习目标、选择恰当的方式检测学习目标的达成情况，分析检测结果提出并实施改进，通过持续改进的闭环系统确保使命的学习目标的更好达成，如图 5-1 所示。

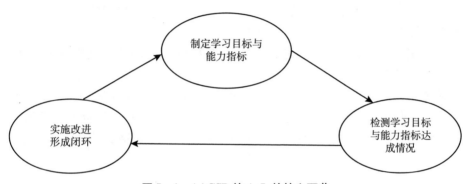

图 5-1　AACSB 的 AoL 的核心环节

2. 实施的关键环节

AoL 在具体实施过程中分为以下几个步骤：

（1）各个项目（可以依照颁发的学位不同设置本科、硕士、博士项目）依据学院的使命制定相应的学位项目学习目标（learning goal，LG）（即学生毕业时应达到的知识、能力、素质要求）。

（2）各个项目将学习目标分解成可量化考核的知识、能力、素质的能力指标（learning objective，LO）。

需要特别说明的是，AACSB 在认证标准中对不同层次学位项目的学习目标也提出基本范围要求，以本科项目为例，AACSB 专家认为，商科人才的学习目标基本包括以下范围：

在通用能力方面包括书面语口语交流能力、伦理道德的理解与判断能力、信息技术能力、人际关系与团队合作能力、跨文化交流能力、反省性思维能力、知识运用能力。

在专业知识方面包括商业与管理的知识；全球化背景下，企业的经济、政治、管理、理发、技术与社会背景知识；社会责任感；经济理论；分析方法、分析报告和市场研究；企业内部制度和流程；影响商业行为的信息技术与统计方法；与专业或重点领域相关的其他指示要求。

（3）各个项目对照 LG 和 LO，通过课程图谱绘制建立与 LG 和 LO 对应的课程体系。

（4）各个项目确定检测每一个 LG 和 LO 的检测方式、采用的工具、评价量规、预期目标、检测时间，制定检测规划。

（5）各个承担检测任务的检测团队、教师根据检测规划，制订具体检测方案并实施检测、收集检测数据。

（6）各个项目分析检测数据，对未达到预期目标的 LG 和 LO，分析原因，对已经达标还需继续提升的，提出改进措施。

（7）各个项目在上一轮改进后进行第二轮检测，以确定改进措施是否有效，最终形成持续改进的闭环。

由于历史沿革、文化背景、教育体制等诸多差异，各商学院多年来形成自己特色的质量保障体系，因此，AACSB 允许在以上基本流程、实施步骤基础上做本土化改造，这也使得 AoL 在各商学院各具特色，成为值得学习的最佳实践。

5.2　岭南大学案例分析

5.2.1　学校简介、使命、愿景

1. 简介

岭南大学诞生于 1888 年的广州市，现为香港特别行政区八大公立大学之一，世界博雅院校联盟成员、亚洲博雅大学联盟创始成员、AACSB 认证成员。岭南大学奉行博雅教育理念，在香港特别行政区高教界独树一帜，2015 年被《福布斯》评为亚洲十大顶尖博雅大学之一。

岭南大学专注于人文社会学科，是以本科教育为重点的教学型大学。其刻意缩小规模以实行高互动性的小班教学及打造紧密的师生关系。课程以基础宽广、跨学科研习为特色，旨在教导学生成为一位"学识广博，生活高雅的自由人"。文学院允许学生发挥创意自主设计专属的主修专业。

岭南大学致力于为学生提供全球性的学习机会以培养他们在全球化环境下需具备的国际视野及跨文化经验。其逾 80% 的学生可到其遍布全球的 170 余所兄弟院校交换学习。此外，岭南大学亦强制性要求学生参与服务研习，以培养他们勇于承担社会责任的品德。岭南大学积极实践博雅教育，即基础宽广的课程设计、紧密的师生关系、丰富多彩的舍堂生活和课外活动、积极参与社区服务和多元化的工作体验、强大的校友和社区支援以及全球性的学习机会。

2. 愿景

成为一所享誉国际、在亚洲首屈一指的博雅大学，在教学、研究和社会参与方面有优秀的表现。

3. 使命

（1）提供融合最优秀的中西博雅教育传统的优质全人教育；
（2）培育学生全方位的卓越才能，并向他们灌输其核心价值；
（3）鼓励教师和学生以原创性的研究和知识转移贡献社会。
校训：作育英才，服务社会。

5.2.2　岭南大学商学院简介、使命、愿景及价值追求

1. 简介

岭南大学商学院（以下简称"岭大商学院"）为岭南大学下属三大学术部门之一。现由五个学系组成，附设香港商学研究所，开办课程包括学士学位、授课型硕士学位、研究生学位及博士学位等。岭大商学院偏重教学，学院发展及资源分配均强调以人才培养为主。其教学人员均毕业于世界一流学府。

2. 愿景

成为被认可的领先的博雅商学院，在知识传授、前沿研究和社会参与方面有优秀的表现。

3. 使命

商学院致力于使学生发挥潜能并成为优秀、全面和对社会负责的专业人士，为香港特别行政区、内地及其他地区提供服务。

4. 价值追求

适应性、创造力和批判性思维；多样性和国际视野；知识转让和社区服务；专业、正直和社会责任；团队协作。

5.2.3 本科项目 AoL 建设与实施概况

岭大商学院 AoL 构建与实施也经历了一个全员参与讨论与不断完善的过程。从流程上，分为九个步骤：

第一步：基于学院使命，岭大商学院首先提出本科学位项目的学习目标（LG）：包括 11 个学习目标；

第二步：将学习目标分解为可测量的检测点；

第三步：设定各学习目标学生的预期达成程度；

第四步：绘制课程图谱以构建满足学习目标达成的课程体系；

第五步：选择检测方式制定检测规划；

第六步：根据检测规划实施检测并收集分析数据，由于各学习目标的检测基本是基于课程的，因此，课程教学团队承担检测、数据分析、改进措施提出等任务；

第七步：各项目负责人汇总本项目 AoL 报告，提出进一步改进措施；

第八步：学院课程评估与学习成果评价委员会对项目评估报告进行进一步讨论，提出反馈意见；

第九步：本科项目组依照上述所有意见进行改进并在后一轮教学中进行第二轮检测，形成闭环。

岭大商学院本科学位项目的 11 个学习目标分别是：良好的沟通交流能力、良好的信息技术知识与能力、团队合作能力、能够以国际视角分析问题、创新性思维、批判性思维、伦理道德意识、在国际背景下能够战略思考能力、定性分析能力、财务分析能力、能够通过财务模型分析数据指导商业决策。

为了检测学习目标是否达成，岭大商学院又将这 11 个学习目标分解成可检测的指标，需说明的是其预期目标的设置因不同的学习目标而不同，有的是对检测点设置预期达成程度目标；有的是对学习目标整体设置预期达成程度目标。在判断是否达到预期目标时，采取相应方式进行判断。

岭大商学院的 AoL 具体检测过程非常细致，如学习目标 1：良好的沟通交流能力检测，该学习目标被分解为口语表达能力与书面表达能力（见表 5 - 1）。在对书面表达能力进行检测时，岭大商学院依托组织行为学课程中对学生提交的个人案例报告进行评价。第一轮检测在 2009/2010 学年第 1 学期实施，232 名学生参与检测；第二轮检测在 2009/2010 第 2 学期实施，86 名学生参与检测。在口语表达能力检测方面，依托战略管理课程在学生小组项目演讲展示中，对每个小组成员不少于 7 分钟演讲进行评价。第一轮检测在 2009/2010 学年第 1 学期实施，131 名学生参与检测；第二轮检测在 2009/2010 第 2 学期实施，173 名学生参与检测。

表 5 - 1　　　　　　　　岭大商学院本科生学习目标 1 检测点与检测结果

能力指标（LO）	预期目标	检测点	检测轮次	合格率（%）	结论
书面表达能力	各个检测点70%的学生达到合格以上标准	表达思想的逻辑性、准确性、清晰性	1	91.8	第一轮检测达到预期目标，但在英语课程教学中还可以进一步提升学生英语能力。第二轮检测显示学生比第一轮表现好
			2	100	
		英语水平	1	87.93	
			2	100	
口头表达能力		时间把握与节奏控制	1	99.2	第一轮检测后，教学团队对学生表现表示满意，但提出可以做以下改进，如学生个人演讲时间可以适度弹性，各小组整体演讲提供更多变化；教学团队可以鼓励学生采用角色扮演、戏剧等多种形式进行演讲以提升学生学习兴趣
			2	98.8	
		逻辑性与内容的相关度	1	98.5	
			2	97.1	
		使用有效的演讲工具	1	100	
			2	98.3	
		肢体语言、眼神交流	1	100	
			2	92.5	
		对听众的吸引	1	99.2	
			2	93.6	
		着装的恰当	1	100	
			2	100	
		发音、语法	1	100	
			2	99.4	

　　第一轮检测后，本科项目负责人提出反馈意见：检测点恰当，但能否从本科项目层面而不仅仅是课程层面采取改进措施以提高学生学习效果，接着学院学习目标评价委员会给出反馈意见：本轮学习目标已经达成，但同时也建议能否进一

步完善评价方式，使得区分度更高。根据以上意见，本科项目相关教学团队进行改进，第二轮检测显示，改进有效。

针对不同的学习目标，岭大商学院本科项目组选择不同的检测方法进行检测。

如学习目标 2：良好的信息技术知识与能力。对该知识能力掌握程度的检测，本科项目组除采取基于信息系统管理课程的个人实践作业——网页设计进行检测外，还同时采用学校试行的统一的 IT 熟练程度检测，即独立检测。该独立检测由 40 道多项选择题和 3 道实验题两个部分组成，在计算机上进行。该检测显示选修了信息素养概论课程的学生成绩优于未选修该门课程的学生。在学习目标的设定上，基于课程的检测时，由于检测点涵盖计算机基本理论、Word、PowerPoint 等六个部分，检测团队对六个部分成绩进行加权汇总，满分为 2 分，达到 1 分被认为合格，80% 的学生达到合格则被认为达到预期目标。对于独立检测，多项选择题与实验题获得 50% 分数即认为合格，80% 的学生达到合格则被认为达到预期目标。

5.2.4　岭大商学院本科项目 AoL 特点

岭大商学院本科项目 AoL 体系严格依照 AACSB 的流程，在学习目标设置上非常细致，在检测方式上，因检测点的差异、课程的差异而有所不同。同时在检测报告分析与意见反馈过程，不仅从课程层面、项目层面也从学院层面分析问题提出改进措施。检测数据极其详尽，有助于发现问题。一些学习目标还同时采用多种方式进行检测，以尽量保持其客观性，但在实际操作过程中教师工作量也会显著增加。

5.3　辅仁大学案例分析

5.3.1　学校简介

辅仁大学 1925 年建校于北京，与清华大学、北京大学、燕京大学并称北平（今北京市）四大名校。1952 年，全国院系调整，辅仁大学部分院系并入北京大学等高校，其余大部分与北京师范大学合并。1956 年 7 月，辅仁大学台湾地区"校友会"正式成立，呼吁复校。1960 年，辅仁大学在台湾地区复校，次年开始招生，为台湾地区四大名校之一，也是少数被联合国教科文组织（UNESCO）所承认的大学之一。专业涵盖理工、医药、文史、艺术、教育、外语、管理、政法、社科、经济等。在校学生约 26000 人，毕业校友超过 20 万人。杰出校友遍布全球，在各行业领域均有优异表现，2005 年获得美国 AACSB 商科认证。

辅仁大学的使命：为追求真、善、美、圣全人教育之师生共同体，致力于中华文化与基督信仰之交融，献身于学术研究与弘扬真理，以促使社会均衡发展及增进人类福祉。

5.3.2　管理学院简介

辅仁大学 1960 年在台湾地区复校后，旋即设立工商管理学系，次年更名为企业管理系。经过数年的发展，1982 年，企业管理学系得到台湾地区教育主管部门核准升为管理学院。目前，学院采用国际 AACSB 认证标准作为经营导向，实施管理学识与专业伦理兼具的教育模式，倡导人本关怀、导向服务学习、理论与实践并重的课程设计，积极开展国际学术交流合作。

使命：秉持本校全人教育理念，培育社会需要、企业肯定，具备管理智能及专业伦理之管理人才。强调做中学的实践，不断在研究上追求学术创新，教学上发展多元学习，同时努力实践服务人群的精神。本着价值人本化、资源整合化、知识创新化、视野国际化的原则，经由全院教职工及学生的群策群力，建立一个卓越的学习环境，塑造高等管理教育之经营典范。

5.3.3　AoL 体系运行流程

辅仁大学管理学院 AoL 体系流程包括四大部分（学习目标制定、AoL 体系计划设计、执行与结果、形成闭环）七个步骤。

第一步：学院课委会根据学校使命、学院使命制定学院学习目标；

第二步：各系课委会在学院学习目标框架下确定各学位项目学习目标（该学习目标不低于/少于学院学习目标）、设计课程图谱、确定检测方法、工具、制定检测规划；

第三步：各系学位项目组落实检测规划，收集检测数据；

第四步：各系学位项目组完成 AoL 体系成果报告；

第五步：各系课委会讨论审议 AoL 体系报告，将学习成果改进计划或 AoL 改进建议纳入 AoL 体系报告，同时将对 AoL 体系报告中问题反馈给各学位项目组，直至达标后提交学院课委会；

第六步：学院课委会审议各系提交的 AoL 体系报告，提供反馈建议；

第七步：各系学位项目组根据反馈意见及改进计划实施改进并着手下一轮检测，形成闭环。

5.3.4　辅仁大学管理学院本科项目 AoL 体系的实施

依照流程，辅仁大学管理学院在校、院使命驱动下，构建学院本科生学习目标：厚植分析及解决问题之能力、应用管理知识与运用信息科技的能力、转化伦理于行动，并落实人本关怀、开拓国际视野并展现国际化特性。

各系在此基础上根据专业特色形成各专业学习目标，该目标不能低于整个学院本科生目标。以企业管理系为例，其学习目标为：

- 培养整合知识及解决问题的能力；
- 培养系统思考及创新规划的能力；
- 孕育人本精神及团队合作的能力；
- 培养兼具理论及实物参照的视野及能力；
- 拓展国际视野及胸襟；
- 培养善用信息科技与整合应用资源的能力。

各系再将学习目标细化为可量化考核的能力指标（LO），通过设计课程体系框架（如图 5-2 所示）绘制课程图谱、修订教学大纲、校准课程方向以符合学习目标。各系根据培养方案制定检测规划、选择检测方式，设定评价标准或量规、预期目标，然后进行检测、收集数据，分析提出改进措施，实施改进形成闭环。

5.3.5　辅仁大学管理学院本科项目 AoL 体系的特点

辅仁大学管理学院本科项目 AoL 体系特点：一是学院给出整个本科项目学习目标，允许各系、各专业在此基础上进行个性化设计，这样既保证了全院学生质量标准，同时，又兼顾专业特色。二是学院重视学生基本理论的掌握，因此采取全院本科生统一的闭卷考试（全部为客观题）检测学生基本理论的掌握，考教分离保证了学院统一标准及学生水平的客观评价。

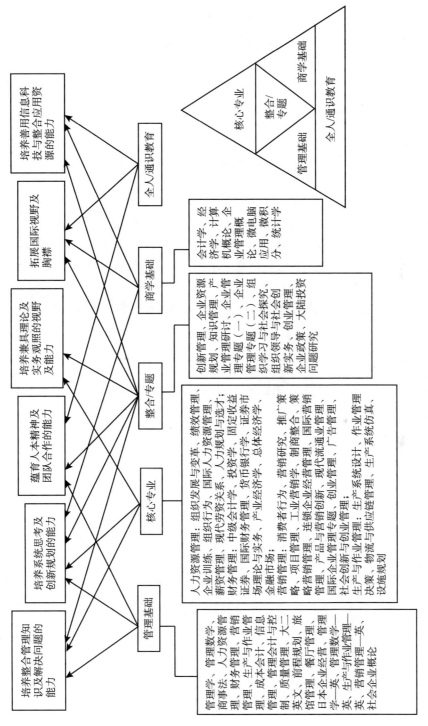

图5-2　2012学年度辅仁大学企业管理系本科生课程架构

5.4 上海理工大学案例分析

5.4.1 学校简介

上海理工大学（University of Shanghai for Science and Technology），是一所以工学为主，工学、理学、经济学、管理学、文学、法学、艺术学等多学科协调发展的应用研究型大学；是中华人民共和国国家国防科技工业局与上海市人民政府共建高校、上海市重点建设大学、上海市高水平地方高校建设试点单位。学校享有中国"制造业黄埔军校"的美誉。学校传承发展"信义勤爱、思学志远"的校训，以校训涵养社会主义核心价值观，培养具有学识抱负的合格公民。

5.4.2 上海理工大学管理学院简介、使命、愿景及核心价值

1. 简介

上海理工大学管理学院于 2018 年 5 月通过 AACSB 商科认证，成为国内首个通过该认证的非"985""211"的地方院校。

2. 愿景

成为中国位居前列的管理学院。

3. 使命

培养学生成为社会和企业需要的高素质管理人才，使其具有扎实的管理学学识、强烈的社会责任感、创新精神和全球视野，推动上海、中国乃至全球经济的发展。通过开展学术研究和参与社会服务创造管理学知识，采用多样化教学方式传授知识。开展多学科学术研究，推进塑造先进的组织运营模式和管理方式，通过创新思维推动经济发展。

4. 核心价值

责任、融合、创新、卓越。

5.4.3　AoL 运行流程

上海理工大学管理学院在 AoL 体系构建时也严格遵循 AACSB 的基准要求，通过八个步骤形成持续改进的闭环质量保障体系，如图 5 – 3 所示。

第一步：各学位项目依据学院使命确立（修订）学习目标（LG）；

第二步：各学位项目将学习目标细化为能力指标（LO）并设计相应的评价量规（rubrics）；

第三步：优化课程体系，绘制课程图谱；

第四步：选择对各 LG 进行检测的工具与方法；

第五步：制订检测计划；

第六步：依照检测计划实施监测；

第七步：收集、分析数据并提出改进措施；

第八步：实施改进并形成闭环。

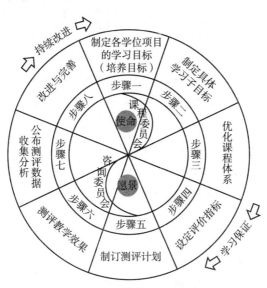

图 5 – 3　上海理工大学管理学院 AoL 流程

5.4.4　具体实施及效果

1. 上海理工大学管理学院本科学习目标与能力指标

上海理工大学管理学院使命在人才培养方面提出："培养学生成为社会和企

业需要的高素质管理人才，使其具有扎实的管理学学识、强烈的社会责任感、创新精神和全球视野，推动上海、中国乃至全球经济的发展。"为此，其人才培养的核心目标定位于扎实的管理知识、创新精神、全球视野和社会责任感。因此其本科学习目标包括以下五个方面：

目标 1：能够识别和处理商业管理中的问题；

目标 2：具有有效的口头和书面沟通能力；

目标 3：具有批判性和创新性思维；

目标 4：具有团队合作精神；

目标 5：理解个人与组织在商业管理中的道德准则及社会责任。

上海理工大学管理学院将五个学习目标又细分为可检测的能力指标（LO），如表 5-2 所示。

表 5-2　　　　　上海理工大学管理学院本科项目学习目标与能力指标

本科项目 LG	本科项目 LO
LG1. 能够识别和处理商业管理中的问题	LO1.1 识别商业管理中存在的问题
	LO1.2 正确地分析商业管理中的特定问题
	LO1.3 根据分析情况给出问题的解决方案
LG2. 具有有效的口头和书面沟通能力	LO2.1 能够针对具体商业主题完成满足要求的书面文件写作
	LO2.2 能够针对具体商业主题进行良好的口头沟通
	LO2.3 能够使用英文进行沟通
LG3. 具有批判性和创新性思维	LO3.1 具有全球化视野
	LO3.2 能够批判性地思考商业问题
	LO3.3 面对商业问题时能够展示创新性思维
LG4. 具有团队合作精神	LO4.1 承担团队分工
	LO4.2 理解团队合作行为
LG5. 理解个人与组织在商业管理中的道德准则及社会责任	LO5.1 理解商业道德的概念
	LO5.2 理解企业社会责任的含义

2. 上海理工大学管理学院本科项目 AoL 实施

上海理工大学管理学院由学术委员会、AoL 委员会、专业发展委员会与课程与质量控制委员会、教学团队等共同负责 AoL 的实施，具体分工如表 5-3 所示。

表 5-3　　　　　　　　　上海理工大学管理学院 AoL 实施步骤及分工

步骤	内容	主要负责部门
1	各学位项目依据学院使命确立（修订）学习目标（LG）	AoL 委员会、课程与质量控制委员会、专业发展委员会
2	各学位项目将学习目标细化为能力指标（LO）并设计相应的评价量规（rubrics）	教学团队、AoL 委员会、课程与质量控制委员会
3	优化课程体系，绘制课程图谱	专业发展委员会、学术委员会、教学团队
4	选择对各 LG 进行检测的工具与方法	AoL 委员会、课程与质量控制委员会、教学团队
5	制订检测计划	AoL 委员会、教学团队
6	依照检测计划实施监测	教学团队
7	收集、分析数据并提出改进措施	AoL 委员会、教学团队
8	实施改进并形成闭环	AoL 委员会、课程与质量控制委员会、教学团队

在检测规划实施过程中，本科学位项目组采用多样化的检测方式，如小组讨论、毕业论文、课程作业、期末考试、课堂演讲展示、案例分析、角色扮演等。

5.4.5　上海理工大学管理学院 AoL 体系的特点

除了细致完善的流程，上海理工大学管理学院在 AoL 体系构建与实施过程中提出三点基本原则：（1）确保课程学习目标与学院使命之间的紧密结合；（2）设计一个简单且可管理的过程，不给教师带来过多的额外工作；（3）促进开放式讨论、互动和创新，并始终遵循。为确保 AoL 的有效推进，除分工细致的各类委员会的广泛参与外，还有广泛的学生参与，特别是在改进阶段突出强调合作与分享。例如，提供更多合作与分享的平台、建立微信群等加强各团队的分享与合作。

第 6 章 基于 AACSB 认证提升人才培养质量的案例研究

6.1 北京联合大学商务学院 AACSB 认证历程

北京联合大学商务学院自 2013 年 6 月开启 AACSB 认证历程以来，6 年多来全院师生一直团结协作，努力前行。2013 年 10 月学院成为 AACSB 会员，2014 年 11 月获得认证资格，开始进入正式认证的进程。通过几年的不懈努力，2016 年 9 月学院初始自评报告（iSER）获准通过，进入实施与改进阶段；2017 年 8 月第一轮改进成效被接受，获准进行第二轮改进；2018 年 8 月第二轮更新报告通过；2019 年 7 月第三轮更新报告通过，学院自此进入迎接同行评审小组（PRT）专家进校审核的最后阶段。

6.1.1 AACSB 认证流程

依照 AACSB 国际认证要求：AACSB 商科认证包括四大环节——会员申请、资格申请、初始认证、维持认证。各阶段有各阶段的任务和时间要求。

AACSB 认证实行会员制，只有成为其会员才可起开启认证。但非会员也可以参与其组织的各种活动。在会员申请阶段，拟申请加入会员的单位需提交会员申请并填写申请表，包括准许学位授予的文件、教育部的资格鉴定文件、学校和学院的组织机构图以及主要领导的职位和相关的职责描述、学院的合作教育机构列表以及合作项目（双学位、师生交换等）简介。申请获批后，该单位即可成为会员。AACSB 会员最早以学校、企业为单位，随着 AACSB 影响范围的不断扩大，为适应全球多样化的教育体制、模式，AACSB 将会员资格扩大到符合条件的学术单位。

在资格申请阶段，拟申请认证的学校或认证单位需提交资格申请表，回答

AACSB 提出的七个方面的问题以帮助 AACSB 初始认证委员会判断拟认证单位的核心价值观与 AACSB 认证所倡导的是否一致，现有资源条件是否经过一段努力可以达到认证标准。

AACSB 要求申请认证的单位应对符合伦理道德行为积极倡导；应创造良好的氛围支持帮助全员交流、合作，开展学习、研究；应承担社会责任；应具备可持续发展性；应按要求界定认证范围；应承诺提供真实的信息、材料等。

在初始认证阶段，申请认证的单位应以使命为引领，结合 AACSB 认证标准，开展自我评估，逐条查找差距，制定弥合差距的举措，形成战略实施方案，并通过3 ~ 5 年的努力达到认证标准，最终经过同行专家现场评估以确定是否通过认证。

在维持认证阶段，为了保证获得认证的单位始终保持高质量，AACSB 对获得认证资格的单位进行每五年一次的维持认证。

6.1.2　使命的形成

使命最初的意思是指出使的人所领受的任务、应负的责任。现多用于企业，指企业经营者确定的企业生产经营的总方向、总目标、总特征和总的指导思想。而高校在传统意义上更多提到学校的办学定位。但 AACSB 国际认证却对商学院的使命给予崇高地位，指出它在学院发展所起到的至关重要的引领作用。它是一切工作的出发点，也是一切工作最终追求的目标。使命相对固定，但也不是一成不变，它应该随着内外部环境的改变而做出相应的调整。应该说，使命的确立是商学院依照国际标准办学、走向国际化的第一步。建立科学的、全员参与的使命形成、修改、完善的程序也是学院完善治理的第一步。

使命不能凭空产生，它既是对学院办学历史与特色的凝练，也是对学院未来发展的引领。使命形成的过程是对学院过去的总结也是对未来发展目标的明确，是一个集思广益、凝心聚力的过程，更是战略管理、顶层设计的开始。找好载体与切入点，精心设计流程，是形成使命的关键。

以北京联合大学商务学院为例，2013 年 10 月，学院党委紧紧抓住党的群众教育路线实践活动，精心设计了"坚持群众路线，研讨学院使命"主题活动。该活动历时半年，包括学习培训（10 ~ 11 月）、研讨交流（11 ~ 12 月）、使命形成（2014 年 1 ~ 3 月）、使命发布（2014 年 4 月）四个阶段，将党的工作与学院的发展建设紧密结合，并形成看得见、摸得着的成果。

1. 学习阶段（开阔视野阶段）

学院精选汇编学习材料，这些材料包括 AACSB 认证流程简介，认证机构基本情况，新、旧认证标准，国内学院案例，相关研究论文等，并将学习资料上传至学院网页中的专栏。全院师生采取部门集中或个人自学的方式，明确学院进行国际认证工作的目的和意义。学院还聘请清华大学、中国人民大学、香港岭南大学的知名认证专家针对教师、学生、管理人员举办不同层次的讲座，使大家对目前全球商科教育的内涵、标准及兄弟院校依托国际认证提升商科教育质量的做法有一定的认识和理解。除此之外，学院选派骨干直接参加 AACSB 的培训，院长、书记带队赴通过认证或正在认证的十余所高校（主要集中在北京、上海、广州 3市）开展调研。专业教师则赴北京市商务委员会、北京市朝阳区商务委员会、北京传媒时尚文化产业园区等重点区域及北京银行总部、阿里巴巴小微金融服务集团、甲骨文公司、铜牛集团公司等重点行业进行调研。

2. 研讨交流阶段（思想碰撞阶段）

教职工以教学系、部为主要组织单位分为 8 个研讨小组，学生则以班级为单位全面组织研讨，在讨论中，全院充分认识到学院自身的优势和特色，即成立35 年来始终坚持培养应用型人才、服务地方经济的办学方向，特别是近年来为满足北京市"以建设世界城市为努力目标，走增强服务功能与发展服务产业有机融合之路"的战略目标，国际化建设特色显著，在此基础上，共提交学院使命表述 45 条。随后学院召开全院研讨汇报会，各小组分别选派一个代表汇报研讨成果。在此基础上，学院组织教授、管理骨干进一步讨论汇总形成最终草案（两个方案）：

方案一：秉持学以致用，推动知识创新，拓展国际视野，培养商界骨干，服务区域发展。

方案二：秉持全人教育理念，崇尚社会责任担当，研承管理文化新知，培养熟谙中国情势、肯于创新实干、具有国际视野的地方商界骨干。

3. 使命形成与发布阶段（凝聚智慧阶段）

针对以上两个方案，学院邀请同行专家、行业领导、校友、在校生、学生家长、雇主、学校领导等利益相关人进行专家论证。找到社会的需求与学院现状的差距，在学校使命"面向大众、服务首都、应用为本、争创一流"及愿景"建设首都人民满意的应用型大学"指导下，明确学院未来发展的方向，最终提出了学院的愿景：成为深受业界好评的国际商学院及使命："践行社会责任推动应用创新培养商界骨干服务区域发展"并以文件形式下发，同时，2014 年 4 月，学院邀请千龙网、搜狐网等媒体参加隆重的使命发布会，向社会郑重宣布学院的责任与发展目标。

4. 使命内涵的进一步诠释阶段（深化理解阶段）

尽管全员参与、利益相关人充分论证，但要确保使命的达成，首先要对使命内涵进行进一步诠释，其次要将其进一步分解成可实施、可量化、可考核的预期产出目标。为此学院专门抽调教授委员会成员、各系主任、专业负责人、骨干教师、科研、教务、人事、国际交流与合作部门负责人组成研讨小组，经过充分讨论最后形成了学院使命内涵。

（1）学院愿景内涵。成为深受业界好评的国际商学院。即立足"京津冀"区域实际情境，放眼全球商业教育发展趋势，作为区域经济发展不可或缺的重要组成部分，积极参与社会、经济建设，成为区域内享有一定美誉、令政府和企业信赖的特色商学院。

（2）学院使命内涵。践行社会责任强调学院要教育培养学生成为具有爱心与责任、商业伦理道德优秀的社会公民，以实际行动为促进社会进步做出贡献。

推动应用创新表明学院致力于探究经济、管理理论与商业实践的结合，推动管理模式、方法、流程的创新，为政府与企业提供商务服务与智力支持。

培养商界骨干表明学院要着力培养适应社会与经济发展需要、具有国际视野、较强跨文化交流能力与商务实践能力的现代服务业中坚力量。

服务区域发展则是学院人才培养、科学研究与社会服务的落脚点。通过培养商界骨干、基于学科专业优势开展应用创新研究为区域发展提供更高质量的服务。

依据学院使命、愿景，学院预期产出体现在人才培养、科学研究与社会服务三个方面：

首先，人才培养方面。培养具有社会责任感、国际视野、较强跨文化沟通能力和商务实践能力的商界骨干人才。其次，科学研究方面。创造根植于区域商业情境的经济管理类知识成果，推动成果的转化和应用。最后，社会服务方面。提供区域社会与经济发展需要的管理咨询、非学历教育、社区培训与讲座等方面的优质智力服务。

6.1.3　战略规划的形成

在明确了愿景、使命内涵及预期产出后，学院未来发展方向就已经非常明确。结合"十三五"规划的制定，学院组成战略规划制定工作组，开始 2016 ~ 2020 年战略规划的制定。

1. 确定战略目标

学院战略规划制定工作组在对外部环境、内在资源与条件进行充分分析的基础上，依据学院预期产出，提出四大战略目标。

目标一：着力提升应用型国际商务人才培养质量。重点体现在学生社会责任感、专业知识运用能力与跨文化交际能力及水平提升上。

目标二：显著提升学院应用创新研究的能力，适度提高学术贡献影响力。

目标三：显著提升学院服务区域经济与社会发展的能力。

目标四：构建一支国际视野、行业背景、学术底蕴兼备的师资队伍，以更好满足使命对人才培养、科学研究与社会服务的需求。

2. 出台战略举措

战略制定工作组围绕四个战略目标分成四个小组（人才培养、科学研究、社会服务、师资队伍建设），并吸纳相关部门负责人，在充分自我评估基础上，将战略目标细化为五年建设目标，并根据现状与目标做差距分析，提出缩小差距的举措，形成战略规划。

3. 设计五年实施方案

为保证规划的有效实施，学院战略规划制定工作组在主管院领导的领导下与各职能部门将五年战略目标又分解为一年、三年目标，进一步细化战略举措为具体行动计划，包括经费预算等，完成实施方案的设计。经过整合，学院战略实施方案包括三个子方案，即《应用型国际商务人才质量提升实施方案》《应用创新及区域服务能力提升实施方案》《师资队伍结构优化与教师质量提升实施方案》分别对应四大战略目标。

6.1.4 战略推进的组织与实施

由于战略规划、实施方案与使命、预期产出环环衔接，战略目标层层分解，且制定伊始就本着可实施、可考核原则，因此，战略目标的达成就更直接。但是，战略目标的达成是一个综合性问题。目标的实施往往需要多部门的合作，经过研究与实践探索，学院形成了有效的学术研究与行政推进相结合的工作模式。同时将实施方案划分为项目，借鉴科研管理模式，通过期初预算申请与答辩，明确年度工作任务；暑期项目中期检查推进任务进程，年底结题验收确保年度目标达成，经过三年实践，该模式有效推进了战略实施。

6.2 北京联合大学商务学院人才培养质量 提升战略规划的设计与实施

6.2.1 《应用型国际商务人才质量提升实施方案》设计

作为以教学为主的地方本科院校，人才培养是学院最根本的任务。《应用型国际商务人才质量提升实施方案》的设计由主管教学副院长牵头，教务处、各系部、学生处、团委共同参与。整个设计过程也通过逐层分解来实现。首先明确人才培养目标：商界骨干——应用型国际商务人才。其核心能力体现在社会责任感、专业知识运用能力与跨文化交际能力及水平三个方面。其次将三大核心能力细化为六个学习目标：职业道德与社会责任感、国际视野与跨文化交流能力、批判思维能力与创新意识、沟通与团队协作能力、商务方法与工具运用能力、商务实践能力。针对六个学习目标，构建培养模式，然后围绕人才培养各环节形成商界骨干培养体系，如图 6-1 所示。

6.2.2 《应用型国际商务人才质量提升实施方案》实施

经过层层分解后，《应用型国际商务人才质量提升实施方案》被细分为七个子计划：分别是《学生社会责任感培养与提升计划》《学生专业知识运用能力提升计划》《学生专业竞赛及课外科技活动拓展计划》《学生英语应用能力提升计划》《学生国际视野拓展与多元文化认知与体验度提升计划》《学生创新精神与创业能力培养计划》《毕业生就业率和用人单位满意度提升》。

1.《学生社会责任感培养与提升计划》实施

《学生社会责任感培养与提升计划》旨在通过实践探索构建学生社会责任感培养体系，最终有效提升学生对伦理道德问题的辨识，加强对其职业道德的培养，提升社会责任感意识。

经过四年的努力，目前北京联合大学商务学院已经形成了理论与实践、课内与课外、教学与科研相融合的学生社会责任感培养体系。

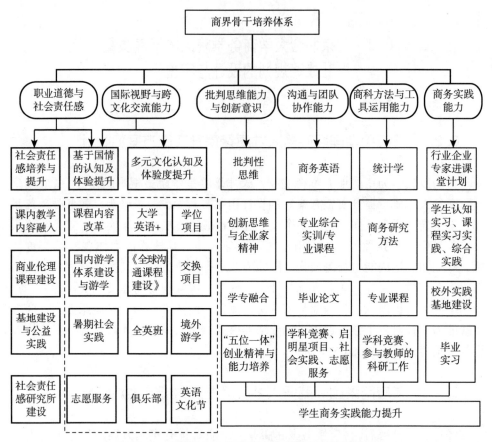

图 6-1　北京联合大学商务学院商界骨干培养体系

在理论与实践相融合方面：2013 年起在全院开设《商业伦理》课程，并依托该课程进行学生商业伦理学习目标的检测。为促进理论与实践的融合，课程负责人带领学生开展企业调研，在课程大作业中增加真实案例分析，分析企业面临的社会责任问题，并利用所学理论模型给出自己的建议。

为促进课内与课外的融合，将《商业伦理》、学生公益劳动、社会实践、志愿服务、思想政治理论实践、社会实践相融合，特别是将团委老师吸纳加入《商业伦理》课程教学团队，多个教育环节的融合，扩展了有限的课内培养学时，拓展了培养空间，使学生的课外实践活动主题更明确、真实。几年来，在服务学习理念指导下，学院以面向北京、服务北京为主旨，有针对性地策划开展社会实践与志愿服务活动，建设好课外实践育人平台。一方面，以"游学项目"为载体组织开展各类学生实践活动，实现社会实践全员参与。在选题中融入区域发展调研、行业调研等内容，在此基础上做好优秀社会实践成果向学术科技作品的有效转化；另一方面，规范志愿服务课程化建设，探索建立志愿服务长效机制，开拓志愿服务项目，充分发挥青年志愿者协会的作用，学院先后组织志愿者参加"京交会""服博会""文博会""体博会""CBD 商务节"等各类大型的志愿服务活动，逐步形成多个志愿服务品牌项目，营造了良好的志愿服务氛围。几年来，学生伦理道德意识、社会责任感得到有效培养，成效显著。学生基于精准扶贫的社会实践项目、基于大龄自闭症患者养护的公益项目连续两年获得全国挑战杯大奖，实现学院零的突破。

在教学与科研融合方面，加强理论研究反哺人才培养。成立社会责任研究所，并邀请企业人士加入，共同研究企业面临的伦理、责任问题，并用于指导学生。特别是专业教师结合自己的研究成果，指导学生的实践活动，完成《京津冀国有企业社会责任研究》《特色小镇全域生态发展研究》著作的撰写工作。

2. 《学生专业知识运用能力提升计划》实施

《学生专业知识运用能力提升计划》旨在通过 AoL 体系的构建与实施，确保学生学习目标的达成。经过几年的实践探索，商务学院已经形成符合自身特点的 AoL 体系。特别是两轮检测数据分析显示，学生学习效果达成度有效提升。

在推进该计划过程中，学院成立学院、系两级课委会，负责解决 AoL 体系构建与实施过程中的各种问题。在推进伊始采取小范围试点，再大范围推广的策略。从 2014 年 9 月 ~2016 年 8 月，选择部分学习目标涉及 20 门课程完成两轮检测。在试点过程中，规范了运行流程，审定了各专业学习目标与能力指标，修订了课程教学大纲模板，出台了学院 AoL 流程、文件提交流程，检测课程的教学与检测方案，还培养了一批自己的 AoL 专家。2016 年 9 月 ~2019 年 6 月完成所有专业两轮检测，第一轮检测未达标的五个学习目标，经过改进，第二轮检测显示均得到有效改善，达到预期目标。

由于商务实践能力是学生六大核心能力之一，因此除加强理论基础外，学院重点建设实践教学体系。经过几年的努力，目前学院初步形成了以认知实习为起点、以专业核心课程内实验项目建设为纽带、以专业综合实践为融合、以毕业实习为出口的学生实践能力培养体系。认知实习课程的定位是引导学生接触专业、形成感官认知、触发学习，通过组织学生参与校外参观、体验式活动、专业展览、企业观摩等活动来达到直观的专业认知和主观认同的第一感；专业核心课程内实验项目的建设目标是具体专业知识点的实践能力提升，培养形式以校内实验室练习或模拟实践为主；而专业综合实践是一门综合专业所学知识，融会贯通、综合应用以解决实际问题的课程，该课程和专业课程内实验项目的建设前后连贯形成"点""面"结合的培养目标。在专业综合实践课程上，采取对学生分层次、分流、校内校外结合的教育模式，即部分学生会进入校外实训基地全程参与指定项目培训和实践或顶岗实践；另一部分学生则可能参与"校内部分学时 + 校外实训基地部分实践"的教学模式。最终学生毕业实习课程解决学生就业"最后一公里"的实践经验积累需求。该培养体系形成了"感官认知—专业知识点学习—综合应用—实习就业"的实践能力培养路径，从校外认知回到学校再到校外实习就业，形成一个人才培养的良性循环体系。

3. 《学生专业竞赛及课外科技活动拓展计划》实施

《学生专业竞赛及课外科技活动拓展计划》旨在解决学生用所学理论解决实际问题能力的培养，提高学生理论与实践学习的参与度。为达到此目标，学院充分发挥教务处、团委与各系的合力，充分调动学生参与积极性，使得专业竞赛覆盖所有专业，学生参与率达 100%。特别是在专业教师指导下，学生参赛水平不断提升，获奖层次、人数显著提升。截至目前，学院已经形成完备的管理机构并逐步依托现代技术进行学生竞赛的管理与开发。

4. 《学生英语应用能力提升计划》实施

由于学院定位于国际商务人才培养，因此英语应用能力也是学生核心能力之一。《学生专业知识运用能力提升计划》的实施旨在不断提升学生英语的应用能力。经过多年的努力，目前学院已经构建了由大学英语、商务英语和专业英语为主，跨文化交际类课程和雅思、托福等课程为辅的英语应用能力培养课程体系。

在大学英语教学中，针对生源质量实施分层次教学，如针对精英班，实行"大学英语（必修）+ 学术英语写作（限选）+ 外教口语（限选）"，配以考研英语、英语六级等任选课在内的通用英语课程体系；针对普通班实行"大学英语（必修）+ 外教英语口语（限选）"，配以商务英语、英语四级等任选课在内的英语课程体系。针对全英语教学班实行"大学英语（必修）+ 学术英语写作（限选）+ 外教口语（限选）"，配以雅思英语（IELTS）、托福英语（学生可根据出国意向选择）或跨文化交际等任意选修课为辅的通用英语课程体系。

在商务英语和专业英语教学上，结合商务英语证书考试，提高学生商务英语应用能力。

与此同时，学院开设全英语教学实验班，在全院选拔学生。对非全英班学生开设部分双语与全英语课程。

多项措施确保学生四年英语不断线，学生英语应用能力稳步提升。

5. 《学生国际视野拓展与多元文化认知与体验度提升计划》实施

《学生国际视野拓展与多元文化认知与体验度提升计划》重点通过在国内提

高学生对中国国情的认知及对国外文化的体验两个方面来实现。如团委利用暑期有针对性开展基于中国国情认知的实践活动，精心组织"长三角""珠三角""京津冀""一带一路"等游学项目，打造游学项目品牌。对于国外、境外多元文化的认知由国际交流合作处拓展优质合作伙伴与合作项目，组织学生参与长短期游学、交换、学位项目来实现。随着教育技术的发展，近年来国际交流合作处又与美国东卡莱罗纳大学签署协议加入全球沟通课，为不能出国的学生搭建了解多元文化的平台。几年来，学院 100 多名学生与世界各地十几个国家和地区的学生在网上同台上课，讨论问题，共同完成课程作业。学生无论是语言能力、跨文化交流能力得到有效提升。

6.《学生创新精神与创业能力培养计划》实施

为响应"大众创业万众创新"的精神，商务学院特别增设《学生创新精神与创业能力培养计划》以强化学生创新精神与创业能力培养。在几年的探索与实践中，商务学院构建了"五位一体、全程联动"的培养模式。"五位一体"即"课堂教学＋实习实训＋社团大赛＋校园孵化＋校企联动"；"全程联动"即"培养过程联动＋学校与社会联动"。

在课堂教学中设置《批判性思维》《创新思维与企业家精神》两门必修课与《创业理论》《创业实践》《创新思维方法训练》等选修课。

在实习实训中以创意、创新、创业"三创"理念建设校内仿真、模拟实践、实训、实战实验室，结合校外实践教学基地，为学生实践搭建平台。

在社团大赛中，学院组建了创新创业社团和协会，定期举办国际商务谈判大赛、金融服务营销大赛、企业资源计划（ERP）经营模拟大赛、大学生科学研究计划项目，组织激励学生参加各类创新创业挑战大赛，与企业或行业合作的学科竞赛、项目路演，激发学生的创新思维，提升对所学专业的兴趣。

在校园孵化上，学院积极挖潜，建立大学生创新创业孵化基地，支持大学生在校实体创业。成立创新创业指导委员会，设立指导办公室。对经论证有潜力的项目直接入驻孵化基地，成立实体注册公司。同时，组建了一批支持双创的指导教师队伍，专门支持和指导大学生创新创业工作。

在校企联动上，学院与中关村创业园北京 768 教育创客空间、中国普天科技创业园等多家创业科技园签署了战略合作协议，并且与多方创业种子基金和天使投资人建立了良好的合作对接关系。对于孵化成型、具备盈利能力的大学生创业企业，通过辅助支持及时输送到社会创业园及创客空间，助力更好发展。

7.《毕业生就业率和用人单位满意度提升》实施

《毕业生就业率和用人单位满意度提升》（以下简称"该计划"）分两个目

标，一是通过用人单位满意度调研，以第三方视角发现人才培养中的问题，并反馈于各专业。在该计划指导下，2014 年学院拨专款聘请国内知名的麦可思公司做校友、用人单位调研。在校友调研中重点调研了毕业三年、五年、十年的毕业生，分析学院商界骨干培养目标确定的合理性与达成情况。2019 年，学院启动第二轮用人单位满意度调研及校友访谈，为新一轮培养方案的执行效果做出评价。

该计划的第二个目标是通过毕业生就业率的连续追踪，分析学生就业竞争力以及学生就业支持方面的优势与不足。连续 10 年的 98% 以上毕业生就业率显示，学院的专业定位与市场需求相吻合，特别是五级就业工作模式，即院领导、各系领导、专业老师、毕业生就业指导中心、毕业班班主任全员协作的模式，在毕业生就业中发挥积极作用。

6.3 北京联合大学商务学院学习品质保障体系的构建

从开启认证至今，学院严格按照 AACSB 认证标准及核心精神开展工作，构建了"使命驱动，持续改进"的 AoL 体系，促进了教学质量的不断提升。

在开展教学实践与教学改革的过程中，学院成立了项目组，针对认证过程以及 AoL 体系实施过程中遇到的问题开展了深入研究，并有幸获得了北京教育科学研究"十三五"规划 2016 年度重点课题的资助。通过开展《AACSB 认证与市属高校商科人才培养质量提升策略研究》课题研究，项目组进一步厘清了关于AACSB 认证与商科人才培养质量提升的关系，并对 AoL 体系的实施过程有了全新的认识以及深刻的理解。

在实施 AoL 体系的过程中，学院 6 个专业依据使命以及对各利益相关者的调研结果，确定了各自的学习目标及所期望的学习成果、评价量规和课程图谱，清晰地展现出每门课程与目标及成果之间的逻辑关系。围绕学习目标的达成，各专业设计了 2016～2019 年检测规划，制订了学习目标检测方案。2016～2017 学年第 1 学期，完成了依托《管理学》《商业伦理》《国际贸易实务》《基础会计》等 8 门课程的检测工作。2016～2017 学年第 2 学期，完成了依托《统计学》《批判性思维》《市场营销学》《金融学》等 29 门课程的检测工作。2017～2018 学年第 1 学期，完成了依托《管理学》《商业伦理》《跨国公司经营与管理》等 10 门课程的检测工作。2017～2018 学年第 2 学期，完成了依托《统计学》《批判性思维》《市场营销学》《BOSS 经理人经营决策实战演练》等 20 门课程的检测工作。2018～2019 学年继续进行 AoL 体系检测，在上述基础上，依托多门课程进行了第三轮检测。各专业以此为基础，撰写了 AoL 体系专业报告，从三轮数据中选取两轮数据对专业培养目标的达成情况进行了深入地分析和总结。

学院 AoL 体系的构建包括四个方面，分别是优化 AoL 流程，形成闭环反馈系统；设计专业课程图谱，构建专业检测规划；开展教学团队建设，实施专业检测规划；完成专业 AoL 报告，诊断问题并提出改进措施。

AoL 体系的构建在项目立项前即已开始规划和设计，立项后投入了更多的力量进行研究、方案优化以及实施，在这一过程中，包括项目组在内的商务学院各系部课委会、学院课委会进行了多次研讨和方案评审，学院教务处认真组织了该项工作的实施及推进。各位教师、专业负责人、相关工作人员也为 AoL 体系的实施付出了大量的艰苦努力。按照 AACSB 认证的核心精神，学院的 AoL 工作以及课程建设与改革将在未来的学年持续改进。

6.3.1　优化 AoL 流程，形成闭环反馈系统

为了加快推进 AoL 体系的建设和工作落实，以优化流程、提高效率和质量为目标，按照 AACSB 认证标准以及 AoL 体系的设计原则，确定 AoL 实施流程，形成"商学院使命→商科人才核心能力→能力评价量规→课程图谱→能力检测计划→数据收集反馈→分析、审视培养目标是否达成→提出改进措施→调整完善"的 AoL 闭环系统，如图 6 - 2 所示。

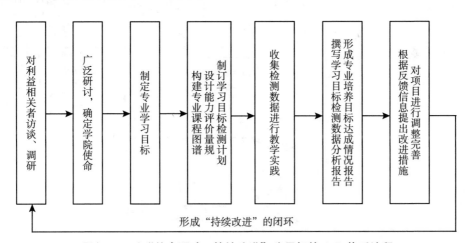

图 6 - 2　以"使命驱动，持续改进"为目标的 AoL 体系流程

在此流程中，强调了基于学院使命的逻辑起点，突出了针对学生学习目标是否达成的检测规划，彰显了持续改进的教育教学理念。在实践中发现，通过该流程的实施，可以较好地将培养目标扎实地分解落实到教与学的各个环节，解决了

质量保障制度从学院→专业→课程效力衰减导致的课程设置依据不足、过程管理环节薄弱、问题反馈整改不到位、教学效果与培养目标达成度不高等诸多问题。

同步开展的工作还包括：教师培训以及流程实施。在 AoL 体系实施前期，对整体流程执行涉及的相关人员开展深入培训，并将实施过程纳入日常运行系统内，从制度上保证实施的常态化，并在实施过程中，对流程中的关键环节进行监控。

与此同时，重新梳理 AoL 体系检测文档提交、审核流程及时间节点，构造AoL 体系检测文档提交及审核流程图，通过科学、合理的工作流程，保障相应工作进程的顺利进行，如图 6 - 3 所示。

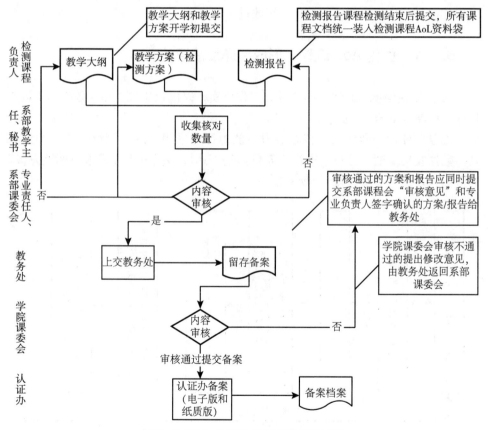

图 6 - 3　AoL 检测文档提交及审核流程

6.3.2　设计专业课程图谱，构建专业检测规划

首先，课程图谱构建的首要任务是依据学院的使命和各利益相关者的需求，

确定专业学习目标及所期望的学习成果。不同于以往的专业培养方案设计，此处的学习目标及学习成果应该是具体的、可测量、可评估的。这样，当学生毕业时，他们能够获得何种能力、达到怎样的标准就是清晰明确的了。

其次，要对学生培养中所涉及的课程及其关系进行认真的梳理，每门课程均应呼应到相应的学习目标及学习成果，并清晰地展现出它们和目标及成果之间的逻辑关系。理想情况下，一个学习目标和学习成果可以通过多门课程进行支撑，同时专业核心课程也应该支持一个以上的学习目标及成果。至于课程与学习目标、学习成果之间的关系是强相关还是弱相关，则需要在深刻理解专业培养目标及课程内容的基础上，客观地、审慎地进行设置。课程图谱设置的是否科学、合理，决定着教学过程是否顺利，以及学生的学习目标能否达成。草率的、随意的课程安排，将会在进行课程检测时暴露其弊端，陷入难以支撑学习目标、难以自圆其说的窘境。因此，课程图谱必须是顶层设计，必须科学、合理。

按照 AACSB 认证的核心精神以及上述原则，学院 6 个本科专业均在深入研讨的基础上构建了本专业的课程图谱。

明晰了专业的课程图谱，对于以培养学生能力为目标的教学环节实施及学生能力检测均应提供翔实的、具有可操作意义的评价量规。为此，在各专业设计地方商科人才通用能力及专业核心能力的系列评价量规时，经学院课委会认真研究，提出评价量规应包含的三个要素为：第一，学习成果评价指标；第二，等级标准，依据认证标准要求，学院统一将评价等级划分为三个区间，分别是"超过预期""达到预期""未达预期"；第三，评价准则，详细描述学生的作品或行为等在不同等级上的表现。

最后，为了保证 AoL 体系检测的持续进行，学院各专业还设计了 2016～2019 年的检测规划，使每个学期的检测进度安排清晰可见。

6.3.3 开展教学团队建设，实施专业检测规划

本着科学、客观、公正、公平等原则，对所有列入检测规划的检测课程，成立不少于 3 名专业教师的教学团队，设立课程负责人 1 名，由课程负责人组织团队成员积极开展教学交流研讨，确定课程检测方案，指导团队成员开展教学。

对检测课程的检测环节，建立由检测团队进行检测的制度，以保证对学生学习效果检测的客观、公正。检测团队成员也不能少于 3 人，其中必须包括至少 1 名教师为非授课教师或非教学团队成员。

对教学团队和检测团队的老师，学院课程委员会、教务处、认证办进行了培训和研讨，并建立辅导答疑制度，对教师在检测中遇到的问题及时答疑解惑。

2017 年，学院重点打造 11 支团队，形成了以《商业伦理》《国际贸易理论》《批判性思维》《统计学》《证券投资学》《国际商务》《市场营销学》《商务研究方法》《国际贸易实务》《基础会计》《管理会计》等为代表、具有良好合作机制的教学团队和检测团队，在课程建设内容、团队建设内容等方面进行了有益探索，形成了一批课程建设成果，同时也对建设过程中存在的主要问题进行了总结，提出了进一步工作的设想。

6.3.4　完成专业 AoL 体系报告，诊断问题并提出改进措施

在学院 AoL 体系推进过程中，各教学团队和检测团队积极配合，依据检测规划完成了 2016～2017 年、2017～2018 年、2018～2019 年 3 个学年的检测工作，各专业培养目标均通过至少两轮以课程为载体的能力检测。

通过对检测数据的统计分析，各专业仔细研究了专业毕业要求的达成情况，以及学生的核心能力是否得到了提高，并以此来检验专业的培养方案是否科学、合理、有效。对于在检测中发现的问题，各专业还进行了认真地诊断分析，提出改进措施，并在后续进行的学习目标检测中予以持续关注、改进。

目前，各专业不仅完成了 AoL 体系专业报告，对专业毕业要求的达成情况进行了有充分数据支撑的分析和总结，而且还将改进方案应用于 2019 版培养方案的制订、修订工作之中，为该培养方案中课程的调整提供了充分的依据。由此可以看出，通过 AoL 体系检测，学院的学习品质保障体系得以充分发挥作用，教学质量监控与改进扎扎实实地落实在学生的培养过程之中。

以上详细论述了商务学院学习品质保障体系的建设规划及实施方案，后续学院将针对基于使命的人才培养质量提升进行进一步的研究与持续的教学实践，努力培养学生的核心能力，并通过精心设计的检测方案和精心组织的教学过程来保障培养效果与培养目标的有效达成。

6.4　北京联合大学商务学院人才培养质量的第三方评价

2017 年，为了清晰地了解学院人才培养的质量情况，学院委托第三方高等教育管理数据与解决方案专业机构麦可思公司实施短期毕业生（毕业 3 年以内，本次调查指 2014、2015、2016 届毕业生）、中期毕业生（毕业 5 年以上，本次调查指 2007～2011 届毕业生）和用人单位调研评价项目，完成了"北京联合大学商务学院 AACSB 认证第三方评价与数据举证报告"。学院借鉴该报告的部分结

论，同时依据各专业 AoL 学习目标检测报告的改进措施以及对利益相关者的调研结果，对 2015 版培养方案进行修订，并形成了目前的 2019 版专业培养方案。

在 2019 版培养方案中，不仅像《商业伦理》《批判性思维》《创新思维与企业家精神》等课程得以保留，而且在专业课中增加了实践内容和创新内容的比例，强化了在教学过程中增强实习实践活动的要求。各专业还增加了数据分析与决策方面的课程，如《商业数据思维与实战》《Python 数据分析实践》，以提升学生在数字经济背景下从事商业活动运营与管理的能力。不仅如此，在 2019 版培养方案中，各专业均为学生提供了丰富的选修课，用以提升学生的专业能力及通用能力，例如，学院开设《全球沟通》《沟通与写作》等选修课，其目标是提升学生的沟通表达能力以及国际视野。AoL 学习目标检测、学院人才培养质量的第三方评价以及对利益相关者的深入调研等举措在促进人才培养质量提升的闭环形成及持续改进方面相辅相成、互为印证，共同对学院的教育教学质量进行监控及保障。

麦可思的报告通过以下三个方面对学院人才培养质量的情况进行了调查及评价，摘述如下。

6.4.1　学生就业情况

1. 对基本概念进行界定

就业比例和创业比例：指短期和中期全体毕业生中，接受调查时处于就业状态（包括受雇全职工作、受雇半职工作、毕业后入伍等）和创业状态的人数比例。

行业：指用人单位的主要产品和服务的内容。例如，毕业生在一个门户网站公司做文员，其用人单位所在行业是"互联网运营与网络搜索引擎业"；毕业生在一家百货公司维护电脑系统，其用人单位所在行业是"百货零售业"。

2. 就业情况

学院 2014～2016 届短期毕业生中，83% 的人选择了就业；2% 的人选择了创业；而 2007～2011 届中期毕业生中，92% 的人选择了就业；5% 的人选择了创业。上述数据表明，作为区域性的应用型商学院，多数毕业生选择就业。但是，与毕业初期学生相比，毕业多年的学生中有更多的人选择创业，投入到更具有领导力和创造力的商业管理和开拓事业中。

学院 2014～2016 届短期毕业生中，7.8% 的人就业于"其他金融投资业"；

6.9%的人就业于"中国人民银行、中国保监会和中国证监会";6.1%的人就业于"储蓄信用中介",另有超过10%的毕业生就业于会计、审计与税务服务业,以及各级党政机关或教育机构。而2007~2011届中期毕业生中,10.5%的人就业于"其他金融投资业";6.3%的人就业于"中国人民银行、中国保监会和中国证监会";5.8%的人就业于"储蓄信用中介";5.3%的人就业于"互联网运营与网络搜索引擎业"。

上述数据表明,学院毕业初期和中期的学生就业比例较高的行业集中在金融、财会和证券经纪等领域,这些领域与学院专业设置和人才培养目标契合程度较高。同时,学院初期毕业生与人才培养目标较高的契合度,说明了学院人才培养的成效,即毕业生具有较强的竞争力。中期毕业生能够较长时间地工作于契合领域,也说明了学院毕业生的中长期发展与人才培养目标的一致性。

调查还显示,在雇用过北京联合大学商务学院毕业生的用人单位中,86%的用人单位对学院应届毕业生表示满意,如图6-4所示。

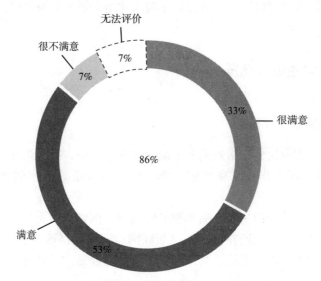

图6-4 用人单位对商务学院毕业生的满意度评价

6.4.2 学院学生晋级与职业发展情况

职位晋升是指由已经工作5年以上的毕业生自己判断在工作过程中是否获得晋升和晋升的次数。毕业生是工作者,可以自己判定转换的职位是否晋升,晋升是指比之前工作承担的责任更大以及享有的职权更多,职位晋升可以发生在为同一个雇主工作的过程中,也可以发生在转换雇主的过程中。

学院 2007~2011 届中期毕业生从工作到现在，有 78% 的人获得过职位晋升。其中 10% 的人晋升了 4 次；13% 的人晋升了 3 次；23% 的人晋升了 2 次；32% 的人晋升了 1 次，而剩余 22% 的人表示没有获得过职位晋升。经过对获得过职位晋升的中期毕业生进一步调查发现，其主要职位晋升类型第一是"薪资的增加"（86%）；第二是"工作职责的增加"（78%）；第三是"管理权限的增大（63%）"；第四是"专业职称的提升"（50%）。

上述数据表明，学院中期毕业生近八成获得过职位晋升，无论薪资、职责、权限或职称都有着不同程度的提升。多样化的职位晋升类型体现了学院毕业生在职场中的全面发展，证明了学院毕业生在职场中有着较强的竞争力。

另外，学院 2014~2016 届短期毕业生中，"一线普通员工"比例为 87%；"中级管理人员"比例为 10%；"高级管理人员"比例为 1%。而 2007~2011 届中期毕业生中，"一线普通员工"比例为 59%；"中级管理人员"比例为 33%；"高级管理人员"比例为 2%。这表明，学院短期毕业生已有一成以上走上管理岗位，中期毕业生有三成以上处于管理岗位。这一数据说明学院毕业生在职场中的发展较为顺利。同时，结合学院毕业生多在经济、财会、管理等领域就业的特征，毕业生在这些领域走上管理岗位也证明了学院"培养商界骨干"的使命正在逐步实现。

6.4.3　学生对 AACSB 通用技能掌握情况

AACSB 通用技能和知识，是指 AACSB 认证标准中（见表 6-1），在毕业要求部分罗列了商科专业培养毕业生应具备的 8 项基本能力和 6 项基本知识，是商科本科人才培养中毕业生应掌握的最基本的能力和知识，也可称为是商科毕业生应达到的基本毕业要求。麦可思公司在调研中对这些能力和知识专设调查，了解毕业生的掌握情况。

表 6-1　　　　　　　　　　　AACSB 标准技能和知识

序号	分类	技能和知识	描述
1	通用技能	书面和口头沟通	能够有效地进行口头和书面的交流
2	通用技能	道德问题的理解与解决	能够识别道德问题，并以对社会负责的态度解决问题
3	通用技能	分析思维	能够分析和厘清问题
4	通用技能	信息技术	能够在商业和管理中使用最新技术

续表

序号	分类	技能和知识	描述
5	通用技能	人际关系和团队合作能力	能够与他人在团队环境中有效合作
6	通用技能	多元文化工作能力	能够在不同文化环境中有效的工作
7	通用技能	反省性思维	能够在不同的环境、背景下反思自己
8	通用技能	知识应用能力	能够将商业和管理知识应用于实际工作当中
9	商业及管理知识	国际视野	对国际社会、组织的经济、政治、法律法规、科技和社会相关情况有了解
10	商业及管理知识	社会责任	对可持续发展的理念和商业管理中的合规性有了解
11	商业及管理知识	财务知识	对金融理论、分析和报告撰写与分析有了解
12	商业及管理知识	运营管理	包括产品设计、生产制造、供应链、市场营销、销售渠道等有了解
13	商业及管理知识	行为分析	对群体或个人在组织或社会中的行为有了解
14	商业及管理知识	信息技术和统计分析	对商业实践中的信息技术和统计分析（包括数据分析、挖掘、报告撰写）有了解

　　为了对后面的研究结果进行良好的解读，下面先对涉及的几个概念进行详细界定。

　　通用技能/商业及管理知识的重要度。用于定义毕业生所理解的通用技能/商业及管理知识在其岗位工作中的重要程度，分为"不重要""有些重要""重要""非常重要""极其重要"5 个层次，数据处理时把重要性处理为百分比，0 代表"不重要"、25%代表"有些重要"、50%代表"重要"、75%代表"非常重要"、100%代表"极其重要"。

　　通用技能/商业及管理知识的工作要求水平。用于定义毕业生从事的工作对通用技能/商业及管理知识的要求级别，从低至高分为一级至七级，一级代表该能力的最低水平取值 1/7、七级代表该能力的最高水平取值 1，最高水平是初级和中级职业人员达不到的。为了帮助答题人自评级别，问卷在一至七级中分别举了 3 个例子，以帮助答题人理解能力差别。这些举例是国外研究能力级别时积累多年经验而设计的。其中数值处于 [0，42%] 为低等水平、处于（42%，71%] 为中等水平、处于（71%，100%] 为高等水平。

　　通用技能/商业及管理知识的毕业时掌握水平。用于定义毕业生所理解的通用技能/商业及管理知识在刚毕业时实际掌握的级别，从低至高分为一级至七级。取值同上面的工作要求水平。

通用技能/商业及管理知识的满足度。毕业时掌握的通用技能/商业及管理知识水平满足社会初始岗位的工作要求水平的百分比，100% 为完全满足。满足度计算公式的分子是毕业时掌握的通用技能/商业及管理知识水平，分母是工作要求水平。

学院 2014～2016 届短期毕业生各项通用技能中，重要度最高的是"人际关系和团队合作能力"（70%）；工作要求水平最高的是"道德问题的理解与解决"（74%）；离校时掌握水平最高的是"道德问题的理解与解决"（69%）。

在 2014～2016 届学院短期毕业生各项通用技能中，满足度最高的"信息技术"（94%）；满足度最低的是"分析思维"和"书面和口头沟通"（85%）。

在 2014～2016 届短期毕业生各项商业及管理知识中，重要度、工作要求水平及离校时掌握水平最高的均是"社会责任"（上述分别为 54%、69%、63%）。2014～2016 届短期毕业生各项商业及管理知识中，满足度最高的"国际视野"（92%）和"社会责任"（91%），满足度最低的是"运营管理"（87%）。

针对调查结果，麦可思公司给出了评价性结论，具体如下：

（1）总体而言，学院对毕业生各项知识的满足程度普遍较高，均在九成左右，说明毕业生掌握的知识水平能够较好地满足当前的工作要求。

（2）社会责任和国际视野两项评价尤其高。培养国际化的商业管理人才是学院的人才培养目标之一，毕业生对国际视野相关知识的评价较高证明了学院在人才培养的国际化服务上所做的努力显现了较好的成效。社会责任也是商界骨干应具备的基本素质，毕业生当前的社会责任相关知识也较好地满足了工作的实际需求。

（3）运营管理相关知识需要进一步加强。虽然总体各项知识的满足度都处于较高水平，但是学院毕业生对运营管理知识的满足度评价仍有进一步提升的空间，这点与前述提到的教学过程中需要增强实习实践有着密切关系。运营管理知识的习得不仅要靠课堂教学，实习实践的经验积累也起着重要作用。学院有必要加强对学生运营管理相关实务实操知识的培养。

第7章　地方所属高校商科人才培养质量提升的策略研究

"提高人才培养质量"是教育事业永恒的主题，新一轮科学技术革命带来的大数据、云计算、人工智能等新技术对人们的思维与学习，乃至生活习惯都产生了一定程度的影响。支持新商科人才培养事业的发展，建立健全现代化学习培养模式，为国家发展培养大批与时俱进的人才，已经给高校人才培养带来了前所未有的挑战。

7.1　地方所属高校商科人才培养质量提升的标准选择

21世纪以来，随着党和国家对高等教育重视程度的加深，我国教育部先后多次发文巩固本科教学的基础地位，并强调健全教育质量评估制度的重要性和必要性。

7.1.1　专业认证已成为评价、监督、保障和提高人才培养质量的重要举措

高等教育认证最早起源于美国，是一种资格认证。该认证可对达到或超过既定教育质量标准的高校或专业给予认可，协助高校和专业进一步提高教育质量，并逐渐发展成为保证和提高高等学校专业教育质量的重要方法和途径。专业认证包括"以产出为导向""以学生为中心""持续改进"这三大基本理念，尤以工程教育专业认证最为繁荣。

我国专业认证也是从工程教育起步的。2006年5月，教育部成立了全国工程教育专业认证专家委员会，开始了工程教育领域的专业认证试点工作。接着，医学类、理学类、农学类、经管类、师范类等专业认证的试点工作也逐步开展起来。教育部2011年发布《关于普通高等学校本科教学评估工作的意见》中提出，"建立健全以学校自我评估为基础，以院校评估、专业认证及评估、国际评估和

教学基本状态数据常态监测为主要内容"的本科教学评估制度体系，指出"教学评估是评价、监督、保障和提高教学质量的重要举措，是我国高等教育质量保障体系的重要组成部分""在工程、医学等领域积极推进与国际标准实质等效的专业认证""鼓励有条件的高等学校聘请相应学科专业领域的国际高水平专家学者开展本校学科专业的国际评估"。显然，专业认证已然成为高等教育质量监测评估保障制度体系中不可或缺的一环。

实施专业认证离不开标准。2018 年 1 月，教育部发布《普通高等学校本科专业类教学质量国家标准》，涵盖普通高校本科专业目录中全部 92 个本科专业类、587 个专业，涉及全国高校 5.6 万多个专业点，这是我国发布的第一个高等教育教学质量国家标准。"有了标准才能加强引导、加强监管、加强问责"。在教育部《普通高等学校本科专业类教学质量国家标准》新闻发布会上，教育部高等教育司司长吴岩表示，下一步将依据标准做好"兜住底线、保障合格、追求卓越"的三级专业认证工作。在《光明日报》对吴岩司长的专访中，他进一步阐释："'追卓越'是三级认证中最高级的认证；第二级的要合格；第三级是要把不合格的想办法让它合格，或者在校内进一步优化专业调整的时候调整掉"。

《教育部 2018 年工作要点》提出要"高起点、高标准、高水平开展本科专业认证，推动实现教育质量评价的国际实质等效"。2018 年 10 月教育部发布《关于加快建设高水平本科教育　全面提高人才培养能力的意见》，明确指出"把人才培养水平和质量作为评价大学的首要指标，突出学生中心、产出导向、持续改进，激发高等学校追求卓越，将建设质量文化内化为全校师生的共同价值追求和自觉行为，形成以提高人才培养水平为核心的质量文化"。2019 年 4 月教育部办公厅发布的《关于实施一流本科专业建设"双万计划"的通知》中明确指出，该计划"两步走"实施，即报送专业第一步被确定为国家级一流本科专业建设点；教育部组织开展专业认证，通过后再确定为国家级一流本科专业。也就是说，通过专业三级认证是国家级一流本科专业的确定标志。由此可见，专业认证在我国已经从个别试点发展到全面启动的阶段，在国家层面上，是未来评价专业质量的重要标准，是高等教育内涵发展的重要内容；各地方层面上，推动专业认证是深化高校供给侧结构性改革的重要抓手，是"四个一流"建设的重要内容；学校层面上，开展专业认证对于提高学校核心竞争力，培养一流人才，建设一流本科，争创一流专业具有重要的现实意义。

7.1.2　商科专业国内认证和国际认证的比较分析

国内商科领域的本科专业认证始于 2015 年 12 月，首批经管类专业认证试点启动。44 名教育界、行业企业专家对西南财经大学、浙江大学、厦门大学、对外经济贸易大学的国际经济与贸易、财务管理、工商管理、会计学等 7 个专业点开展了现场考查。2016 年 12 月，对外经济贸易大学财务管理专业、工商管理专业接受教育部普通高等学校本科专业认证（第三级）暨全国首家中俄联合国际专业认证，并在第二年顺利通过。这标志着中国高校经管类专业建设获得了国际上的认可。

国际上商科三大经典认证——AACSB、EQUIS、AMBA 中，英国工商管理硕士协会（The Association of MBAs，AMBA）仅针对 MBA/高级管理人员工商管理硕士（EMBA）项目认证。欧洲质量发展认证体系（European Quality Improrement System，EQUIS）对学生群体的国际化情况有特定要求。AACSB 认证资格最老，虽然花费时间最长、认证难度最大，但 AACSB 时刻强调以使命为驱动，立足于自身院校发展特色，重视教学和人才培养质量，尤其对于地方商科院校找准定位、特色发展、长远规划有着重要的意义。同时，AACSB 也提供了向国际一流商学院学习先进管理理念的良好平台。所以，本书主要以 AACSB 认证作为商科国际认证的代表。

在全球化趋势之下，国内专业认证确实大力借鉴了国际认证的精华和成果，抓住了核心部分。所以，普通高校本科专业三级认证和 AACSB 认证在本质上是非常接近的，它们在设立培养目标、改进课程体系、提高教师队伍、关注学生发展等方面有着趋同的要求，但是也存在着一些区别和差距，主要体现在以下四点。

1. AACSB 认证强调商科高校的使命和愿景

AACSB 认证的一切标准都围绕着商科高校的使命和愿景展开，这是一个战略思想，即一个学校或者一个学院在某一个时间范围之内，战略目标是什么、将要发展成什么样子、对社会甚至对人类的贡献体现在哪里、这个既定的目标通过什么方式实现等。而在这个基础之上，培养什么样的学生、如何培养学生，做哪方面的研究、研究的贡献和价值，招聘什么类型的教师、如何培训和引导教师等一系列工作层层展开。这并不是一个简单地写"套话"的过程，而是一个与市场，与相关利益者，与决策者多方面、多层次、多角度的互动。而国内专业认证相比较而言更注重单一专业学生的培养目标、毕业要求及达成情况，据此进行教师、课程、硬件等一系列资源的配比。

2. AACSB 认证包括科研和社会服务以及国际化等内容

相对于国内认证来讲，国际认证的内容更为综合。AACSB 认证中，科研、社会服务以及师生的国际化等指标都是重要的参考依据。这些指标的存在使得认证内容更为完整，可以帮助商科高校更好地参与市场竞争，在全球化趋势的今天，更加准确地对自身进行市场定位，从而赢得更多的合作及发展机会。

3. AACSB 认证更着眼于持续改进的落实

AACSB 认证的学习保障体系本身就是一个持续改进的过程。它要求商科高校每一个学年度完成所有相关课程之后，进行一个闭环考核，来观测本年度学习目标的实现情况。在这个基础上生成的期末报告将会作为学习保障体系内容，包括应建设的课程、课程讲授及考核的方法、学习目标的设定以及培养方案的改动等方面调整的依据。这种改动不一定是很大的、经常性的，却要具有切实的依据。比较而言，国内认证虽也强调持续改进，但由于发展时间较短，后续改进监督机制尚待完善。

4. AACSB 认证的重点已经转移到学校或学院的影响力上

AACSB 最新标准中强调商科高校的影响力，这个概念已经上升到更高的层次，而并非仅停留在学生好不好、教师好不好、硬件好不好等单个问题上，而是整合成为更加高端的命题。由外部招生市场情况的好坏、学术业界对科研成果的接纳和反馈程度以及招聘、吸引国际师资的难易程度等评判一所学校运作的综合情况。

综合上述分析，已有百年历史的 AACSB 认证在整体性、系统性、逻辑性等方面更有利于地方商科院校的长远发展，所以，下面即从 AACSB 认证视角来谈地方商科院校人才培养质量提升的策略探究。

7.2　AACSB 认证视角下地方所属高校商科人才培养质量提升的关键环节

AACSB 认证体系包括四个部分：战略管理与创新、参与者（学生、教师和行政管理人员）、教与学、学术与职业发展。具体细分为 15 条评价标准，涵盖了商科高校发展的所有关键要素。所有这些标准都在考核商科高校的各项决策是否与使命达成保持一致并且是通过规范的管理流程、严谨制度产生的，这些流程、制度形成与执行过程中能否确保利益相关人（教师、学生、管理人员、家长、雇主、校友等）的广泛参与。因此，商科高校推进认证的过程，就是以实现使命为目标，构建有效的利益相关人全面参与的教学质量保障体系，并且形成持续改进机制的过程，而这一机制的形成也是商科高校治理体系不断完善、不断提高人才培养能力的过程。由此，基于 AACSB 认证的视角，我们认为商科人才培养质量提升的关键环节主要有以下三个方面。

7.2.1 以办学使命为驱动，鼓励商科院校特色发展

1. AACSB 认证的逻辑起点和终点均是办学使命

办学使命（mission）是一所高校之所以存在的理由与所追求的价值，是对于其利益关系人和社会的价值贡献。一所高校存在的最主要价值在于培养人，而培养什么样的人，怎样培养人，是高校必须回答的问题。因此，办学使命自然就成为一所高校立校的逻辑起点。宏观上，使命是高校的决策制定基础及战略发展方向；微观上，使命是确定一所院校教育质量标准，进而检验和评价教学质量高低的基本依据。

AACSB 认证最重要的特点就是"使命驱动"。第一条标准里就明确指出，商科高校要有明确的使命目标，并需要将该使命实施于商科高校的教育管理实际运营之中。AACSB 认为，办学使命是商科高校对社会的教育承诺，也是高校一切活动的出发点、目标和行动纲领。使命将引领高校发展，引领一切教学、科研和社会服务的实践。而与此同时，一切活动实践的目标都是为了促成使命的达成。因此，认证工作的整体逻辑主线是：使命确立→战略与规划→分阶段规划实施方案→实施效果阶段评估→持续改进→……→使命达成。这一逻辑的起点和终点均是办学使命，以始为终，不忘初心，能够形成人才培养质量的闭环管理；以终为始，循环积累，利于促进不断超越自我的良性发展。

2. 确立正确的使命可以发挥强力的凝聚效应

在使命驱动的逻辑之下，商科高校的使命不是一个孤立的理念，而是一个理念体系，对高校组织发展具有无可替代的引领作用，并将凝聚所有资源和力量形成办学合力。因为，正确而合理的组织使命陈述，可以促使各利益相关者围绕组织使命，在教育质量观、人才培养模式设计、教学质量标准确立等方面达成质量文化共识，共同参与到院校内部质量保障体系构建的过程中，从而构建与商科高校发展需求真正相适应的战略管理框架，助推商科高校追求卓越商科教育的进程。所以，AACSB 认证要求高校以使命为依据和首要考量，采用合适的战略管理，运用人力、财力和物力资源实现其发展目标。即要求高校从战略管理与创新、参与者、学习与教学、学术与职业发展四个方面构建高校的管理模型：高校

全体成员必须紧紧围绕使命参与战略、财务资源、教学、科研、学生活动、行政管理等各方面的活动,在活动中通过持续创新,确保达到与使命相一致的教育目标,对社会、社区形成有影响力的结果,进而完成使命的实现。AACSB 认证的每一条认证标准都要求对高校使命的完成做出贡献,AACSB 对使命的强调贯穿认证全过程,各项资源、活动都要为使命服务,围绕使命开展。

3. 明确的使命目标有利于形成办学特色

AACSB 认证已有百余年历史,其认证理念和标准也在不断更新迭代。20 世纪 90 年代以前,AACSB 认证标准被认为过于机械化,如运用教师资格、课程内容模板等量化指标。1991 年,AACSB 采用与使命相联系或"使命驱动"的认证标准,将商科高校的自评估作为认证决定的基础。毕竟,没有明确的组织使命或者是在与高校发展实际不相适应的组织使命引领下,高校所制定的战略规划很难统一贯彻落实到各项工作中。因此,为了保证组织使命表达的有效性、可行性,AACSB 要求商科高校组织使命的提出必须结合商科高校所处的文化背景和国内外生存环境,将办学定位、组织资源、组织优势、传统文化等融入教育使命中,承认实现卓越教学和良好运行的多样性,允许认证高校因使命不同而存在差异,认证标准在不同的国家或地区可采用不同的方式加以诠释和应用。

不同的商科高校本身就应有不同的使命(如有的高校只提供本科学位,有的高校同时提供本科和硕士学位,还有的高校提供本科到博士三级学位教育)。使命不同导致学校和学院获得的经费也存在较大差异,因此不能用统一的标准去要求所有商科高校。使命陈述是否清晰、准确并符合自身特点,反映出高校的自我认知能力和教学科研等实际水平,同时也折射出业界、学界以及整个社会对该学校的质量判断和影响力评价。对参与 AACSB 认证的商科院校而言,颁布使命意味着学校向国际顶级认证机构及全社会做出了严肃的承诺。这样,基于使命的战略管理、师资管理以及教学质量保障体系才能更加符合学校的发展要求,并为认证机构对学校评估提供更为适合及个性化的标尺。

AACSB 官网显示,截至 2019 年 12 月,我国大陆地区已经通过 AACSB 认证的高校有 25 所,其中 22 所为教育部直属重点大学、2 所为中外合作办学院校、1 所为省属地方高校。它们都提出了明确的适合自身条件和发展预期的使命。通过梳理这 25 所院校的使命描述,我们可以发现,这些通过认证的高校所描述的使命都很清晰明确地表明了其所承担的商学教育功能,并且都体现出比较鲜明的教育特色。这些特色分别体现在人才培养、科学研究及知识贡献和服务社会及文化传承等方面。在人才培养方面,北京大学、清华大学、中国人民大学、复旦大学均明确提出培养"领袖"或"领导者",中山大学提出"作育商界管理精英",

唯一一所省属地方高校——上海理工大学管理学院提出的是培养 "高素质管理人才"，显然，各类高校人才培养的目标定位有着显著的差异；在科学研究及知识贡献方面，北京大学、清华大学、中国人民大学、西安交通大学、南京大学等均非常明确地提出 "创造知识" 或 "贡献知识"，上海理工大学管理学院提出 "推进塑造先进的组织运营模式和管理方式"，也显现出不同的特色发展理念；在服务社会及文化传承方面，教育部的直属高校有的表示要 "推动社会进步" "促进社会发展" "引领社会未来"，有的表示要 "深谙中国国情" "影响世界"，上海理工大学管理学院则突出区域特色，提出 "推动上海经济发展"。

7.2.2 强调学习品质保障体系建设，促进商科院校内部质量文化建设

1. AACSB 认证的重点和难点是构建使命驱动的学习品质保障体系

立德树人是教育的根本任务，人才培养是高校的核心工作、主体功能。AACSB 认证要求每个商科院校应该根据自己的使命，由使命决定学位项目培养目标，再把学位的培养目标细化为可以度量和评估的具体目标，以 "使命→人才培养目标→能力目标→课程地图→课程实施→质量评估→持续改进……" 为链条构建使命驱动的学习品质保障体系。对于每一个学位项目而言，基本的流程如下：首先根据确定的使命形成每个学位项目的人才培养总目标（learning goal），将人才培养目标细分为可衡量可评价的通用能力目标与专业能力目标（learning objective），根据具体能力目标绘制评估课程地图（curriculum mapping），逐一分析每门课程设计的课程目标是否支持了本专业能力目标的达成，支持了哪几项，同时确定支持程度的高低，以此可筛选出不符合专业培养目标的课程，从而重新调整专业课程体系并设定目标达成量化标准。其次教师根据课程目标进行教学内容、教学方法与手段、考核方式的设计，并据此开展教学实践。最后对学生的专业培养目标达成度进行基于数据导向的专业评估分析，综合给出评价报告并提出改进方案，在下一轮教学实践中进行针对性改进。这一链条式流程环环相扣，需要层层落实，是 AACSB 认证中最为重要也是难度最大的工作。

2. 学习品质保障体系的科学构建和有效实施尤为重要

学习品质保障（AoL）体系设计的核心理念是以 "学" 为主，重点评估的是在翔实数据支持下的学生学习效果，并通过与预期学习目标的达成情况进行比较，提出对教学以及对学生培养的改进建议，最终形成持续改进的教育质量保障

与监控机制。这种以学生学业为评价对象的评价体系，充分体现了"以学习成果为导向"的价值取向、"以学生为中心"的教育理念，明显区别于我国高校普遍采用的教师个人教学水平评价系统，对我国高校从评价"教得好"向评价"学得好"的转变具有借鉴意义。同时，认证的质量保障与监控机制旨在形成以"持续改进"为目标的质量文化，不仅有利于促进参与认证的高校自我审查、自我改善，而且重视数据收集和长期考查，对广大商科高校而言，无疑是促进其持续不断改进教学质量的重要保障。

AoL 体系所奉行的"学生中心、成果导向、持续改进"已写入我国的"新时代高教 40 条"，成为建设高水平本科教育应遵循的基本原则，但"靡不有初，鲜克有终"，科学构建学习品质保障体系仅仅是万里长征的第一步，其有效实施和良好运行的难度很大。因为 AoL 体系的目标是评估课程的开设与教学实践结果是否达到了人才培养目标的预期要求，而所有的教学改革"改到深处是课程，改到痛处是教师"。课程管理的关键环节：确定检测课程学习效果的评估工具和措施、收集分析和发布评估信息、运用评估信息进行持续改进等工作都将增加教师教学的难度、增大教师的时间和精力投入。认证学院需要设计系统的流程、健全的制度保证 AoL 体系不是流于文字、浮于表面，而是切实通过学习效果的评估，为学生的学习、教师的教学提供反馈和指南，进而能够持续改进教育教学质量。AACSB 认证非常看重 AoL 体系的运行情况，要求 AoL 质量监控体系每学期或每学年完整进行一次评估检测，依据检测报告中提出的具体问题进行调整，形成目标明确的持续改进机制，完成教学质量监控的闭环，并且要求必须通过至少两轮的有效改进评估后方可向 AACSB 申请进入最后的现场访视阶段。这也是 AACSB 认证为什么历时时间长、难度大，但含金量高的主要原因所在。

7.2.3　重视利益相关者的充分参与，推进商科高校治理体系现代化

推进高校治理现代化的目的是理性地建立高校治理结构，以更好地实践高校使命，使高校在制度保障下可持续发展。AACSB 认证逻辑链条中对于商科高校治理最具有能动性的要素就是利益相关者，认证要求高校各方利益相关者通过与使命相一致的学术和实践活动，充分参与到高校治理之中。校内的利益相关者主要包括学生、教师、专业工作人员和专职人员。校外的利益相关者主要包括上级主管部门、校友、与学科相关的行业组织、企业顾问等。这些利益相关者充分有效地参与是教育教学质量的根本保证。但如何调动利益相关者充分参与、积极投入，将有赖于高校的治理体系和治理能力。

1. 建立"教师治学"的治理体系

"教授治学"是常见的提法,但我们要强调"教师治学"比"教授治学"概念更恰当。教师治学的内容包括各教学项目培养目标和方案的设计,学生学业水平的判定,教师研究学业水平、学术贡献的评价,教师聘用和职称晋升学术标准的制定和评判等问题。这些问题不仅有关当前的研究成果和现行的培养方案,而且关系到未来的学科发展方向和未来学生的成长。年轻教师虽然经验不足,水平差异也可能较大,但是他们活跃在研究最前沿,其中的优秀者引领未来学术方向,所以,教师治学必须要有年轻教师的参与。在教师治学制度下,高校需要构建学院、系部、专业多个层面,教师人人有责的治理体系。高校应该有相应的制度评价标准来评估教师对高校使命做出的贡献和所付出的努力。

2. 建立学生参与高校治理的专门机构与制度

为了发挥学生在高校治理中的作用,高校可以成立学生教学咨询委员会、学生课外教育委员会等机构,定期召开研讨会,听取学生对培养方案、教师授课情况以及其他教学、就业等方面问题的意见,并及时改进。

3. 搭建校外利益相关者参与学校发展建设的渠道

行业企业的专家顾问、校友、与学科相关的行业组织都是可以为高校发展出谋划策的利益相关者:(1)成立行业企业顾问委员会。AACSB 认证在尊重商科高校发展自主性和多样性的前提下,强调与商界建立密切联系,确保商科教育及时跟进行业发展需求和变化。所以可以邀请主要用人单位的高管、商界行业组织与知名企业人士组成行业企业顾问委员会,参与指导学校与使命一致的各项工作,密切商科教育与行业企业的联系,提高商科教育人才培养对行业企业的适应性。(2)建立校友组织。高校应成立校友会,统一领导和协调按照教学项目、按照地区以及按照行业和兴趣的各校友会的工作。通过校友组织,校友们更加方便地为学院建设和发展贡献智慧和资金,并在帮助学生就业和实习,为学生做导师方面贡献力量。(3)参加同行专业组织。在国内,高校应积极参加经济学和管理学教育指导委员会,在国际上可以参加亚太地区的商科高校组织以及其他与高校使命相关的组织。通过这些同行专业组织,高校一方面获取教学、研究、合作等方面的信息;另一方面也向国内外同行传播办学理念和最佳实践。

7.3　AACSB 认证视角下地方所属高校新商科人才培养质量的提升策略

新一轮科技与产业革命，促进了商业模式创新，催生了新的商业时代。新商业的发展对商科人才培养提出了新的需求和期待，要求新商科人才培养需要有新理念、新思维和新方法。

7.3.1　明确目标定位，确立新时代商科高校使命

商科教育应该具有清晰明确的教育目标。从商科高校角度讲，最重要的就是树立使命意识，不仅要有清晰明确的使命，而且要保证各项工作围绕使命而开展，以达成使命为目的。只有明晰自身定位，才能有明确的人才培养目标、市场方向和服务面向，才能真正实现自身价值。所以，改变目前商科高校使命基本趋同、表达不清、使命与各项工作脱离、甚至使命缺失的状态，是提高新时代商科人才培养质量的第一要务。

1. 地方商科高校使命建设的过程

一所高校的使命，就过去和当下而言是高校存在的目的和理由，就未来而言代表着办学的目的、方向和责任。因此，使命不是凭空产生，它是对高校办学历史与特色的凝练，也是对高校未来发展的引领。从管理学的角度，使命的形成是在主体和环境之间展开的，是要解决主体意愿和环境之间可能的矛盾，解决其可能性的问题，包括机会利用的可能性和机会实现的可能性。机会利用的可能涉及环境的供需情况，机会实现的可能性涉及主体的利益包容情况。通过对各类信息的综合分析，了解需求的容许范畴，并对其做出可用与否和能用与否的检验，明确什么时间、什么空间、哪部分人群、干什么事最有意义、最符合客观环境的核心条件。只有既可用（物质性）又能用（能动性）的机会，才是切实的。由此形成的客体使命可能，才有实际意义。据此形成机理，地方商科高校使命的确立需经历以下过程。

（1）制定使命建设工作机制。使命的确立是商科高校依照国际标准办学、走向国际化的第一步。建立科学的、全员参与的使命形成、修改、完善的工作机制也是高校完善治理体系、提高治理能力的第一步。首先应成立类似高校发展战略规划委员会的专门组织；其次在充分酝酿的基础上，制定使命确立的工作流程；

最后在使命确立过程中，担当领导和决策职责，深入剖析高校的优势、劣势和发展机遇，精准判断和把握商业实践及对人才的需求变化，并据此配置相适应的资源，组织开展相关工作和活动。

（2）广泛调研。使命的形成要基于对历史的总结及对未来的把握，广泛调研的目的在于了解商科教育在人才培养、科学研究、社会服务、文化传承方面的"机会利用可能性和机会实现可能性"。宏观上，需要分析社会经济发展对商科人才的需求数量、质量与结构，以及境内外商科高等教育的发展现状与趋势等；中观上，需要分析地方所属高校所在区域对商科教育的需求以及同类高校的商科发展情况，发现供需缺口、机遇与挑战；微观上分析学校自身的发展历史、优势与短板。使命的确立不仅包括面临的任务，更应涵盖对过去的认识、反思以及对未来的期望和判断。

（3）研讨交流。目的在于使利益相关主体的意愿和环境可能不断摩擦碰撞，各抒己见、集思广益。使命必须是组织能胜任而又能被环境所接纳的责任才是合理的，使命要符合所选择事业发展的趋势。因此，高校使命要有效形成，高校利益相关主体的广泛参与是至关重要的因素。通过全体教职员工在不同层次的研讨交流，同时邀请同行专家、行业领导、校友、在校生、学生家长、雇主、高校领导等利益相关人进行充分论证，找到社会需求与高校发展的契合点，逐步明晰高校的目标、特点、优势、重点领域、特殊的或显著的发展路径。

（4）凝聚共识。使命不仅要为高校指明责任和方向，而且要使高校的每一位成员明确其工作的真正意义，激发出内心深处的工作动机。因此，需要采用自上而下和自下而上多种模式确保全体利益相关者参与其中，在广泛研讨交流的基础上，不断去芜存菁、排杂除陈，最终凝聚智慧，形成大家达成共识的，明确、恰当、易懂的使命表述。所以说，使命确立过程的本质是深度交流、凝心聚力的过程，在使命抽象、精练的文字表述背后其实是体现着高校全体利益相关者的共同意志和追求。正如德鲁克所说，"使命"就像是一剂巨大的黏合剂，能够在组织进行扩展、拆分、全球化、多样化的过程中将所有成员都紧紧地黏合在一起。

（5）使命发布。使命确立后，不但要在高校内部以正式文件形式让全体师生周知，保证学校各类政策、师生各种活动、所有的资源配置等均要与使命保持一致，同时还要通过各种媒体向社会公开发布，可以举办较为隆重的使命发布会，向社会庄严宣告高校的责任与发展目标。这也意味着使命是高校对社会做出的郑重承诺，接受社会监督，校内外凝聚合力，共同促进使命达成。

（6）持续改进。使命不是一成不变的，使命是一个历史的范畴、动态的概念，在不同时期有不同的内涵。认证高校应根据社会经济的发展变化，定期检查和修订来保持使命与时俱进的适应性。

2. 地方商科高校的使命应突出内涵特色

美国教育家欧内特斯·博耶指出："绝没有什么简单的好大学模式，一所大学与另一所大学所面临的任务和所处的环境方面肯定是大相径庭的。"其中最根本的是："一所高质量的大学必须有一个明确的而且是生机勃勃的办学目标，所以它不可能是满足所有人、所有要求的大杂烩，它需要在众多的要求下，做出选择并确定哪些是应优先考虑的重点。"因此，地方商科高校必须找准自己的定位、确立自己的使命，防止"千校一面"。AACSB 认证指导原则之一就是接受并鼓励高等教育中百花齐放的使命与教学方式。

商科是一门实践性很强的应用性学科，商科教育在高等教育中与市场经济运行最为贴近，与实际经营活动最为紧密。所以，地方商科高校要深刻意识到组织使命的科学表达和陈述绝不是盲目跟风、"喊口号"，而是要聚焦经济社会发展需求，立足办学实际和服务面向，明确自己的办学目标、个性化的人才培养理念、科学的组织愿景和使命。明确、清晰、富有特色、符合自身特点的办学使命既包含了办学者对自身学校目标定位和发展思路的创新性思考，更体现着办学者对如何有效服务社会的深层次考虑，也是高校树立教育品牌的重要前提。

新时代我国的高等教育即将进入普及化阶段，地方所属高校应牢固树立以实用性、应用性为主的办学思想，将学校的优势特色与所在"地方"的社会经济生活深度融合。"地方"不仅是一种行政区域或地理范围的概念，而是实实在在的所属区域社会、经济、文化、生活的载体。"地方"意义的精华在于无意识的能动性使其成为社会与文化结构中定位自身的一个坐标体系。"地方"与个人或社会群体身份认同的建构是密切相关的。身份与认同是个人或社会群体定义"我是谁"的方式。认同的建构是在一系列社会文化符号和隐喻的共同作用下产生的结果，而在这一系列符号或隐喻之中，人与社会群体栖居的地方无疑具有十分关键的意义。只有明确个人或群体的身份在一个空间意义系统中所处的坐标，个人或社会群体才能完整地认识自我、诠释自我。因此，地方商科高校突出使命特色的关键是要深入感知"地方"这个价值核心，根植于所在地方的经济社会系统，在深层探讨学校与地方的共生关系中建构身份认同，获得源源不断的生长动力。

7.3.2　创新培养模式，制订新商科人才培养方案

人才培养方案是高等学校人才培养工作的总体设计和实施蓝图，是高校人才培养规格与特色的纲领性文件，是实现人才培养目标的根本遵循，是安排教学内容、组织教学活动、落实人才培养过程及其他环节的基本依据。

1. 制订新商科人才培养方案的指导思想

坚持以习近平新时代中国特色社会主义思想为指导，深入贯彻教育部及高校所在地方的相关文件精神，融合新商科教育发展的国际化与本土化愿景，服务国家战略，着力推进专业商科内涵建设，构建一流的新商科人才培养体系，全面提高人才培养能力和质量。

结合高校办学定位、服务面向和办学条件，主动适应国家和所在地方产业结构转型升级和经济社会发展对新商科人才的需要，遵循高等教育教学规律、教书育人规律和学生成长规律，坚持"学生中心、成果导向、持续改进"教育教学理念，以国家本科专业质量标准和专业认证标准为依据，完善专业人才培养方案，深化人才培养模式改革，加强教学内涵建设，优化人才培养体系，提升课程设置对培养目标和毕业要求的支撑度、培养方案与经济社会发展和学生发展需求的契合度。

2. 制订新商科人才培养方案的基本原则

（1）坚持立德树人，促进学生全面发展。坚持用习近平新时代中国特色社会主义思想铸魂育人，紧紧围绕"培养什么人、怎样培养人、为谁培养人"的根本问题，做好整体设计。强化政治引领和价值导向，根据商科专业人才培养特点和专业能力素质要求，科学合理地把做人做事的基本道理、社会主义核心价值观的要求以及实现中华民族伟大复兴的理想和责任融入商科专业人才培养方案，着力在坚定理想信念、厚植爱国主义情怀、加强商业伦理道德、增长知识见识、培养奋斗精神、增强综合素质上下功夫，培养德、智、体、美、劳全面发展的社会主义建设者和接班人。

（2）遵循质量标准，突出专业特色优势。以教育部《普通高等学校本科专业类教学质量国家标准》为基准，以建设一流商科专业为标准，结合高校办学定位、专业基础及办学条件，加强在新经济背景下新商业发展态势研究，研究其内涵、发展规律、典型时代特征、代表性业态，探索新商业环境下跨界共享经济对商科人才的能力需求，培育"专业＋"特色发展方向，全方位、立体化突出人才培养特色，主动适应产业创新和跨界融合，促进新时代、新商科教育的供给侧改革。

（3）坚持成果导向，优化课程体系设计。全面推进、落实基于成果导向（outcome-based education，OBE）教育理念的改革，进一步明确新商科人才的培养目标，细化明晰毕业要求，科学、合理地构建支撑毕业要求的课程体系，全面梳理各门课程的教学内容。需要强调的是，课程体系优化不是简单地增加或减少几门课程。为达成与使命一致的人才培养目标，课程体系不应片面追求专业知识的系统性和完整性，而应根据商科人才核心能力主线将每门课程纳入课程体系的总体视野中，整合、开发课程资源，构建由课程体系到课程模块再到每门课程的能力素质逐层落实的完整实现体系。真正做到按需设课，多元评价，持续改进，切实提高商科人才培养的社会需求适应度。

（4）强化学生中心，提高学生学习收获。以促进全体学生的发展为中心，将满足学生学习需要、促进学生发展、支持学生全面成长作为核心追求。在制定培养目标、毕业要求、课程体系过程中贯彻 OBE 理念，既注重"教得好"，更注重"学得好"。开展以扩大学生学习自主权为要义的学分制改革，构建适应国家和区域发展需要、尊重学生个性化发展的多元化人才培养模式。围绕以学为中心深入开展教学改革、更新教学内容、改进教学方法，重构以学生为中心的教学互动关系，激活学生热情，激发学生潜能，提升教学价值，切实提高人才培养效果与培养目标的达成度。

（5）加强实践教学，提升创新创业能力。重构新商科教育生态圈，探索校地融合协同创新的新商科人才培养模式，创变新商科人才创新力、创业力和领导力培育体系，服务新产业、新业态商科人才培养需求。密切联系行业企业，深化产教融合，推进校企协同育人，促进课程内容与职业标准对接、教学过程与生产过程对接。积极探索课内实践教学方式和课外实践教学形式，丰富实践教学方法和内容。着力做好商业实践教学四年不断线，构建分类分层的创新创业教育体系。丰富与专业教育相关的创新创业实践活动内容，将商业实践能力和创新创业精神培养贯穿于人才培养全过程。

3. 培养方案的内在逻辑和主要内容

培养方案的内在逻辑应遵循基于 OBE 理念反向设计，从需求（包括内部需求和外部需求）开始，由需求决定培养目标，由培养目标决定毕业要求，再由毕业要求决定课程体系。"需求"既是起点又是终点，从而最大程度上保证教育目标与结果的一致性。具体流程如图 7-1 所示。

（1）以高校使命为导向确定新商科人才的培养目标和毕业要求。培养目标是专业学生在毕业后 3~5 年内所应达到的职业和专业成就的总体描述，是一种宏观的、定性的描述；毕业要求，也称培养规格或核心能力，是指学生在毕业时所应具备的能力，必须是明确、具体、可测量的，是一种定量的描述。

高校依据使命设定学位项目的人才培养目标。AACSB 并不期望各商科高校的人才培养目标是相同的。相反，AACSB 希望各高校能就它们所处的情况决定适当的目标定义及评量方法。由于不同高校的使命、对学生的期望、学生的组成结构以及高校可提供的教育条件与水平等因素的差异，人才培养目标应有一定程度的不同。

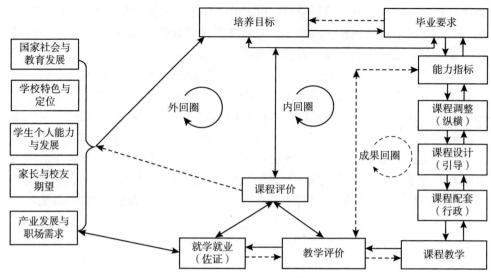

图 7-1　基于 OBE 的培养方案内在逻辑

如何确定人才培养目标和毕业要求？

从工作步骤上，可以大体分为三步：首先，组织校内老师就国内外同类专业的培养情况、新商科专业发展趋势、人才需求等问题在对兄弟高校、毕业生及行业（用人单位）、在校生充分调研的基础上，和行业企业专家深入研讨，科学确定学院层面商科人才培养的通用核心能力。前面曾对地方高校商科人才通用能力特征进行了调查研究，交流沟通能力、团队合作能力、领导和决策能力、批判性思维和创新思维能力是地方高校具有共识的四项通用能力。其次，各专业围绕高校确定的商科专业人才核心能力结合本专业的特点，形成专业的培养目标和毕业要求。最后，各专业还需将本专业的毕业要求逐条细化为可落实、可评价、有逻辑性和专业特点的指标点。之所以要做分解细化，是因为各专业毕业要求既是实现培养目标的保证，又是专业构建知识结构、形成课程体系和开展教学活动的基本依据，需要在人才培养全过程中分解落实，以引导教师有针对性地教学、学生有目的地学习。

从操作方式上，主要以头脑风暴或团队列名等方法对培养目标和毕业要求进行研讨，从多到少，逐步精炼。

从文字表述上，人才培养目标可以分为两部分描述，第一部分描述目标定位，即对本专业人才的核心素养、服务面向的专业领域、职业特征（可从事哪些工作）和人才定位（什么类型的专业人才）进行总体描述。第二部分描述目标内涵，反映毕业生发展预期，体现专业特色和优势，即对本专业毕业生在正常情况下毕业后 3～5 年内能够承担的社会与专业责任等能力特征（包括专业能力与职业素养、竞争力和职业发展前景）进行概述。毕业要求及分解指标的表述建议参考布鲁姆教育目标分类法清晰定义学生的预期学习成果。

（2）以毕业要求为导向设置新商科人才培养的课程体系。培养目标和毕业要求确定后，接着基于此进行反向设计，设置课程体系，规划课程图谱。

首先，课程体系包括显性课程和隐性课程。对于显性课程（第一课堂），需要全面梳理专业课程内容，整合课程资源，削减对毕业要求支持度不高的课程，淘汰"水课"、打造"金课"、防止"因人设课"。具体操作上可以采取说课的形式，让专业教师对已开设的课程一一剖析，研讨课程目标和新的培养目标及毕业要求分解指标点的对应关系，完全对应的保留、部分对应的改造、不对应的删除、没有对应的增设课程。最终，形成课程与毕业要求分解指标点一一映射、逻辑贯通的课程图谱。确保各项毕业要求都能从课程矩阵中找到其落实的课程、方式及落实的程度，即针对毕业要求，做到课程体系能够形成支撑，课程教学能够实现支撑，课程考核能够证明支撑。

对于隐性课程（第二课堂活动），主要是引导和组织学生开展的各种有教育意义的实践或素质教育活动，也应纳入专业人才培养方案，科学设计有效衔接第一课堂。因为尤其是态度、价值观等非认知目标不仅可以通过课堂教学，也可以通过大学所组织的各种课外活动达成。如各专业可基于自己的专业特点设计社会实践活动、核心技能大赛、创新创意创业活动等，引导学生学会认知、学会做事、学会共同生活、学会生存，提高学生的综合素质，促进学生成才就业。

其次，针对新时代商科人才培养的需求，各专业应认真思考消费升级、互联互通、大数据、云计算、人工智能、共享经济等产生的新变革，需要打破以学科、教材和教师为中心的局限，把握对学生的价值引领、知识应用、能力培养的主线，以主修课程体系体现其专业，以丰富的选修课程来实现学生个性的自我规划，鼓励文理交叉、理工渗透、工管结合、课内外互补，构建起面向新时代需求的、具有鲜明全面育人特色的专业主修课程体系和灵活多样的选修课程体系。

7.3.3　加强新商科课程建设，解决"改到深处是课程"的难题

课程是实现人才培养目标的知识载体和信息资源，课程建设是专业建设的细胞工程，是有效落实人才培养计划、提高教学水平和人才培养质量的重要保证。

1. 树立课程教学的新理念，坚持学为中心

树立课程教学的新理念，要做到两个转变：一是师生角色和关系的转变，教

师在教学中的角色从原来的知识传授和灌输的"权威"变成了学生学习的"组织者、指导者、推动者",学生由原来被动的"知识容器"转变为主动的"主动学习者、自主建构者,积极发现者、执着探索者"。二是教材及教学媒体的功能转变,教材由原来教师的"传授内容"变成了学生的"知识建构对象",多媒体课件、音视频等教学媒体从原来辅助教师教学的方法手段,变成了创设情境,进行协作、学习,帮助学生进行知识建构的方法手段。教师的作用在于通过对教学目标、教学内容、教学方式、教学过程和教学评估等教学要素进行精心设计,引导学生完成各种教学活动,达到预期的教学效果。

2. 改革课程大纲,构建"课程目标—内容方法—考核评价"三位一体的逻辑体系

课程大纲作为课程设计的蓝本,也是教师与学生之间就教什么(内容)、怎么教(方法)和教得怎么样(评价)以及学什么、怎么学和学得怎么样这些基本问题达成的契约。传统的教学中是以教师为中心,重教轻学,强调的是知识传授,而忽略了对学生综合能力的培养;在考核中过分强调期末考试的终结性评价,而忽略了对学生学习的过程性评价和综合能力评价。这些问题在很大程度上严重影响了教学质量和人才培养质量。

新商科的课程大纲设计应遵循经典的一致性建构主义理论,该理论主要包括两个方面,一是学习过程的一致性建构观点,二是学习活动与学习成果之间的一致性建构计划。前者认为知识是由个体在特定的社会文化情境下积极建构而非在教育者与受教育者或受教育者之间传递的,受教育者将先前的知识/经验带入学习过程,并影响新知识的建构,而学习过程就是一个持续的、递归的确认或修正已有知识的过程。后者认为需要具有一致性的学习活动、学习目标、学习目的和学习成果。

基于一致性建构理论的观点,需要建立课程目标与毕业要求、课程内容及教学方法与课程目标、考核方式与课程目标之间的三组矩阵关系。首先,依据课程所支撑的毕业要求制定课程目标,旨在解决课程在人才培养中的地位及作用,明确"教什么"和"培养学生哪些方面能力"的问题,实现"以教为中心"向"以学为中心"转变;其次,依据课程目标更新重组课程内容并选择合适的教学方法,旨在解决"如何教""学生如何学""如何实现教学目标"的问题,将教学改革切实融入教学过程中,实现"以知识传授为主"向"以学生综合能力提升为主"转变;最后,按照课程目标设计考核及成绩评定方式,旨在解决学生"怎么考""学生学得怎么样"的问题,通过全过程考核,实现对学生整个学习过程的管理、引导与评价,将考核评价过程作为整个教学过程的一个部分,实现

"以期末考试评价为主"向"注重全过程综合评价"的转变。最终形成课程内容和教学方法能够支撑课程目标达成、课程考核与成绩评定方式能够证明课程目标达成的教学效果。

3. 以实现课程教学目标为指引，精心设计教学方案

（1）强化教学改革，精心设计教学方案。切实向课堂教学要质量，教学改革是关键。基于"成果导向"的课程教学改革重在使课程目标既能支撑毕业要求的达成又体现课程特色，同时课堂教学改革也能促进课程目标的达成。因此，需要鼓励教师积极参加教学研究与改革，尤其是针对教学中存在的问题展开专题研究，并将研究成果应用到实际教学中。通过改进课程教学内容、教学方法，运用一切手段来完成对学生能力的培养，充分发挥课程在学生核心能力培养中的作用。

（2）与时俱进，提升课程内容质量。瞄准一流"金课"建设目标，合理增加课程内容的"高阶性""创新性""挑战度"，提升学生学习课程的"获得感"。注重知识、能力、素质有机融合，培养学生解决复杂问题的综合能力和创新思维。及时跟踪市场新技术、新产业、新业态、新趋势、新商业思维及模式，把学术新动态、研究新成果和实践新经验融入课堂教学，提高课程标准，重塑课程内容与结构，使学习成果具有探究性和个性化。

（3）开阔思路，灵活选用和创新教学方法。要实现从知识课堂向能力课堂的转变，克服传统课堂教学在教学方式方法上比较单一的缺陷，更好适应成果导向教育的要求，这就要求教师必须在教学方式方法上进行大胆探索，突破传统的教学活动围着教师、教室和教材转的封闭式教学的禁锢，实现时间、空间和内容上的开放，使教学活动时间上从课内向课外延伸；空间上从教室向图书馆和实验室拓展；内容上从教材向参考资料扩充，最终实现从灌输课堂向对话课堂转变、从封闭课堂向开放课堂转变、从知识课堂向能力课堂转变、从重学轻思向学思结合转变、从重教轻学向教主于学转变。在实际教学过程中，因课制宜积极探索启发式教学、案例教学、互动教学、现场教学、研讨式教学、线上线下相结合的混合式教学、任务驱动教学等教学方法。通过教学改革促进学生学习革命，提高课程兴趣度和师生互动性，促使学生独立思考、大胆发表个人见解，激发学生的潜能和创造性，让学生在教师设计的学习（活动）情境中，自主完成知识的自我建构（内化），继而习得技能，练就能力。

4. 强化教学过程管理，构建基于教学全过程考核的形成性课程评价体系

按照"以学生为主体，以能力培养为本位"的思路，构建合理、科学的形成

性课程评价体系，把课程教学和学习过程看作是一个整体，通过对不同阶段的教学情况的总结来发现问题，指导矫正教师的教学和学生的学习，使教学工作的重点真正落实到培养学生的能力和提高学生的综合素质上。所有课程根据课程特点及教学目标，制定不同的考核方法和评价体系，强化过程评价与监控，构建学生成绩的形成性考核机制；充分关注"学生学到了什么"和"学得怎么样"，并将此信息及时反馈到教学过程中，使教师不断改进，促进教师对教学过程的主动管理。

（1）建立多元化的考核评价体系，科学评价学生的综合能力。加强学习过程管理，加大过程考核成绩在课程总成绩中的比重，健全知识、能力、素质考核并重的多元化学业考核评价体系，明确各项考核的评价标准，完善学生学习过程监测、评估与反馈机制。综合应用笔试、口试、非标准答案考试等多种形式，全面考核学生对知识的掌握和运用，以考辅教、以考促学，激励学生主动学习、刻苦学习，引导学生养成良好的行为规范和学习习惯。

（2）促进教师对教学过程的主动管理。通过过程考核，加强教师对教学过程的全面管理。一方面增加学生在学习过程中的任务，同时教师的督促、辅导也会增多，有利于教师及时掌握学生学习情况，促进师生交流，延长课程教与学的时间，提高学生学习积极性；另一面教师在对平时作业的批改、阶段测验中也易于发现平时授课中的不足，以便改进，达到以考促教的作用。

7.3.4 建立专业诊改机制，将新商科质量保障落到实处

专业诊改机制的核心是诊断、改进。诊断就是要用科学的方法检测人才培养质量是否达到预期结果，如果没有达到，还需要检测出是哪些方面没达到并分析没有达到的原因；改进就是针对没有达到预期结果的方面，结合其原因给出改进方案，并及时进行改进，改进效果的评价、再改进就是进入下一轮诊改，即持续改进。

科学的诊改机制强调人才培养的过程评价，重视体系化、闭环型、制度化内容设计。在执行过程中留下学习佐证材料，形成人才培养的证据链。检测评价方法上，既要重视运用直接评估方法检查学生的学习效果，也要采用校友、毕业生和雇主调查等间接评估手段从多角度审视学生学习效果和教育质量。评价结果及时公示并做好存档，各专业根据评价结果提出改进措施，促进教育教学水平提高。专业诊改机制建设的关键在于落实，基于成果导向理念反向设计、正向实施的逻辑，可将人才培养质量是否达到预期结果具体分解为培养目标达成度、毕业要求达成度和课程目标达成度三个层次进行逐级检测评价。每个层次均须制订详细的检测评价方案，方案设计的基本要素如下。

1. 人才培养目标达成度评价

（1）评价依据。人才培养目标达成度评价以党和国家教育方针政策、《普通高等学校本科专业类教学质量国家标准》（以下简称《国标》）和专业认证标准为根本依据、学校办学定位为内部依据、国内外专业发展趋势及现实需求为外部依据。

（2）评价主体和评价责任人。专业人才培养目标达成度评价主体涵盖本专业学生、教师、学院教学督导、学院管理人员、学校相关部门管理人员、各级教育行政部门、毕业生、用人单位和学生实习实践单位、校外专家、家长等利益相关方。学院教学指导委员会主任为专业人才培养目标达成度评价责任人，学院主管教学的副院长和专业负责人组织专业人才培养目标达成度评价的具体实施。

（3）评价方法。为全面、有效地进行人才培养目标达成度评价，应综合采用直接和间接评价结合、定性与定量评价结合、内部评价与外部评价结合的多样化评价方式及评价策略。评价前需确认各项培养目标采用的评价方法的合理性。具体评价方式包括但不限于：反思自查、调研分析、咨询研讨、交流研讨、国际交流、问卷调查、访谈调查、座谈会等。

（4）评价周期。专业人才培养目标达成度评价每年进行一次，形成"人才培养目标达成度评价"记录文档，包括评价内容、评价依据、评价主体、评价方式、评价工具、评价结果等。要求评价记录完整、可追踪，为专业培养目标的修订提供证据支撑。

（5）评价结果及运用。各专业对评价结果进行综合分析，形成评价报告，评价记录和评价报告由学院存档，保存 6 年。评价结果作为专业人才培养目标修订的重要依据，每 4 年修订一次专业人才培养目标。

2. 毕业要求达成度评价

（1）评价依据。毕业要求达成度评价以党和国家教育方针政策、《国标》、专业认证标准、专业人才培养目标和专业培养方案为依据。

（2）评价主体和评价责任人。毕业要求达成度评价主体涵盖本专业毕业生、专业教师、兼职教师、辅导员、学院领导及教学管理人员、校外专家、用人单位和学生实习实践单位等利益相关方。学院院长为毕业要求达成度评价责任人。各专业成立毕业要求达成度评价小组。评价小组的主要组成为：学院领导、专业系主任（或专业负责人）、教研室主任、各课程组组长、学院教学督导、骨干教师代表、辅导员和校外专家。评价小组的主要职责包括：确定和审查本专业毕业要求各指标点和相关支撑课程的合理性；确定各指标点支撑课程的权重值；制定和审查评价方法；收集数据、实施评价、撰写报告、提出持续改进要求。

（3）评价方法。各专业毕业要求达成度评价小组对本专业所制定的毕业要求进行合理的分解，一般可分解为2~6个能反映毕业要求本质、较具体和评价性强的指标点。各指标点的达成度评价可采用多种评价方式进行，但一般应包括定量的课程考核成绩分析法。毕业要求分解的每个指标点应该由2~6门课程支撑，每门课程按照对指标点贡献度的大小分配合理的权重，支撑权重值之和为1。对课程考核成绩进行评价以计算出"课程目标达成度评价值"，再依据计算出的"课程目标达成度评价值"和相应课程的支撑权重，计算出"毕业要求达成度"。最后，将该计算结果与制定的合格标准进行比较，进而得出支持毕业要求达成情况的评价结果。

（4）评价周期。专业毕业要求达成度评价每年进行一次，确保对每一届毕业生都进行毕业要求达成度评价。评价结果形成"毕业要求达成度评价"记录文档，要求评价记录完整、可追踪。

（5）评价结果及运用。各专业对毕业要求达成度评价结果进行分析和比较，找出教学环节、课程体系的弱点，进行必要的整改，从而保障各个教学环节、课程体系、教学大纲均能围绕毕业要求达成这个核心任务来实施。毕业要求达成度评价记录和分析报告由学院存档，保存6年。评价结果作为专业对毕业要求调整的重要依据，每4年调整一次专业毕业要求。

3. 课程目标达成度评价

（1）评价依据。课程目标达成度评价以专业人才培养目标和毕业要求为依据。课程目标达成度评价是毕业要求达成度评价的基础，其可靠性和合理性决定毕业要求达成度评价是否合理和可信。

（2）评价主体和评价责任人。课程目标达成度评价主体涵盖学生、专任教师、学院教学督导、学院管理者、校外专家等利益相关方。课程负责人为课程目标达成度评价责任人。

（3）评价方法。课程目标达成度评价主要采用定量评价与定性评价相结合的方法。课程目标达成度评价旨在多层面了解与反馈课程建设与实施情况，根据不同主体的多样评价目的，综合运用多种评价方式匹配评价需求。具体可运用的评价方法包括：课程调查问卷、访谈、课程考核成绩分析法等。

（4）评价周期。课程目标达成度评价每学期进行，评价结果形成"课程目标达成度评价"记录文档，要求评价记录完整、可追踪。课程目标达成度评价记录和分析报告由学院存档，保存6年。

（5）评价结果及运用。对专业必修课课程目标达成情况进行评价，评价课程对毕业要求指标点的贡献是否达成，并及时反馈给相应教师，帮助教师了解课程特点及所处水平，发现课程教学短板，有针对性地改进相应教学环节，调整教学内容，改善教学方法；帮助专业结合专业培养目标与毕业要求，优化课程体系，推进课程教学改革，推动本科人才培养质量的持续改进。

7.3.5　创新教师分类管理，加强新商科实践型师资队伍建设

人才培养的质量归根结底取决于广大教师，提高教师教学能力是培养高质量商科人才的关键。孔子说："古之学者为己，今之学者为人。"作为新时代传道授业解惑之师者，尤需培育"为己之学"。

许多教师还局限于从书本到书本，从理论到理论的纯学术研究，仅有很少一部分校内教师同时兼任企业顾问或其他职务，或较多地参与企业实践活动。校内外教师之间的职责不清晰，校内教师与来自企业的校外导师联系不密切，不能有效沟通，对校外导师缺乏有效的管理，校外导师参与的积极性不高，导致校外导师在人才培养过程中参与度少。对校内教师的激励与考核标准单一，大多偏重于学术类研究，而对于教师的教学和从事其他类型的研究的评价就比较模糊。

AACSB 认证强调师资背景的多元化，鼓励认证高校引进具有多种学术和职业背景的教师参与教学和科研，为商科教育跟进商业学术前沿和实践、持续改进提高提供重要保障。相比高校传统的师资分类方法（科研型、教学型；教授、副教授、讲师），具有创新性。这种师资分类方法也给予商科高校更多空间，建设多元化的师资队伍，着重发展实践型的师资力量将是商科高校师资建设的主要方向。实践型师资队伍可以更好地结合商业实践开展教学和研究工作，使商科人才培养更贴近商业发展实际和人才需求。

1. 广泛开展产学研合作，引培并举发展实践型师资队伍

建设实践型师资队伍应从引进校外师资和培养校内师资两个方面入手，引培并举发展实践型师资队伍。一方面，商科高校应进一步加强和建立互惠互利的校企合作机制，广泛开展产学研合作，使更多的企事业单位成为校外实践基地。通过开展产学研合作，广泛从校外的企业中引进具有丰富管理和实践经验的人士担任校外导师。另一方面，为了提高校内教师理论联系实际的能力，商科高校应协调发展各教育项目，例如，将 MBA 项目与高层管理培训相联系，使校内教师，尤其是青年教师有机会了解社会、市场和企业的实际经营与管理，提高自身的素质，或在对企业管理人员进行专业理论知识训练的同时共同参与企业实践中的问题。经过一段时间的锻炼和选拔后，为商科高校输送实践型师资。

2. 提升开放办学的程度，发挥校外教师的积极性

进一步提升开放办学的程度，邀请来自企事业单位的校外教师全面参与商科高校人才培养的全过程，在招生面试、课堂授课、专业实践、论文答辩等环节都可以邀请来自企事业单位的校外教师参与，对人才培养提出意见，为学生带来新颖、前沿的理论和实践指导，充分发挥校外教师的作用。这样一方面可以增强校外教师的参与感，调动其积极性；另一方面使人才培养更具有针对性，更符合现代商业发展的实际需求。

3. 创新制度建设，加强对实践型教师的绩效评价和激励

商科高校需要结合自身的使命和战略，进一步完善实践和理论并重的评价体系，实现教研与实践的良好平衡。将教学、科研活动与社会的发展紧密结合起来，进一步加强与企业的联系，保持教学科研的实用性和社会性。在现有的教师考评机制上，应加强以企业实践为导向的师资考核体系，鼓励教师"走出去"、多实践，并积极探索有利于教师对外联系的机制，加强和完善以企业实践为导向的教师考核评价机制。深入支持教师广泛参与科研活动，以产生高质量的科研成果。避免理论脱离实践的教学模式，提升教学水平和水准，提升人才培养质量。积极营造校企合作氛围，为人才培养、交流、合作提供便利。

附　录

1. 关于商科人才能力特征的调查问卷

亲爱的同学：

为了更好地了解你对所在院校及专业人才培养目标的认知，通过在学习过程中的切身感受及经历评价本专业对你自身能力的培养情况；同时，了解你对所在院校及专业对学生能力培养的更多期望及需求，以更好地设定各专业的培养目标，特设计此调查问卷。

本调查问卷共包括两个部分。第一部分是个人基本信息（请在所选项目前打"√"）；第二部分是关于商科院校学生应具备的能力调查。你的积极参与，对进一步明晰商科院校人才培养目标、修订完善人才培养方案会有极大帮助，对此我们深表感谢。

第一部分：个人基本信息

1. 贵校所在地区：

□北京　□上海　□广东

□其他，请注明：_____。

2. 你目前所在专业：

□国际商务　□市场营销　□金融

□财务管理（会计）　□国际经济与贸易　□信息管理与信息系统

□其他，请注明：_____。

3. 你的年级：

□一年级　□二年级　□三年级　□四年级

4. 你的性别：

□男　□女

5. 你高中时的学习背景：

□理科学生　□文科学生

6. 你选择本专业的原因：

□兴趣使然　□老师家长的建议

□出于对将来就业的考虑　□其他，请注明_____。

第二部分：关于商科院校学生应具备的能力调查 （1~21 题是对商科高校学生应具备的一般能力的调查。请根据自己对各项能力重要程度的理解，逐一在适当栏位打 "√"）

能力	极不重要	不太重要	一般	比较重要	非常重要
1. 理解伦理道德的概念及相关理论					
2. 了解商科从业人员所应具备的职业道德素养					
3. 掌握商务领域相关法律、法规和制度					
4. 熟练掌握常用办公软件基本操作					
5. 能够运用现代信息技术进行信息收集、处理、评价和有效利用					
6. 掌握定性分析商务问题的相关方法					
7. 掌握定量分析商务问题的相关方法					
8. 掌握组织管理基本理论和方法，并能建立良好的组织环境					
9. 具有较强的团队合作意识和团队合作能力					
10. 具有较强的中、英文表达及交流能力					
11. 具有识别国际商务活动中文化多样性的意识					
12. 了解国际政治、经济、社会等因素影响商务活动的作用机制					
13. 能够识别分析国际政治、经济、社会等因素对商务活动的影响					
14. 能够对商科知识和实践活动进行正确定义、划分及特征总结					
15. 能够发现、提出问题，并为分析论证找到可靠、有效的证据					
16. 能够通过分析论证做出理性的判断，并提出解决方案					
17. 能够对论证过程及内容进行科学严谨的表达					
18. 能够对评估过程及结论进行自我审查、反思、校正					
19. 具有创新思维，能够提出新问题或新方法					
20. 掌握本专业的基本概念、原理和方法					
21. 具备应用专业知识和工具解决实际商务问题的能力					

22. 你认为商科学生还应具备哪些能力并在培养方案中予以体现？
(1) _____
(2) _____
(3) _____
(4) _____
(5) _____

23. 你认为自己就学的专业最注重对学生哪些能力的培养？
(1) _____
(2) _____
(3) _____
(4) _____
(5) _____

24. 你认为作为商界骨干，应具备的最重要的 5 个能力是：
(1) _____
(2) _____
(3) _____
(4) _____
(5) _____

再次感谢你的参与！

2. 专业培养方案示例

＿＿＿专业培养方案示例格式

一、学科门类：＿＿＿＿＿＿＿　　代码：＿＿＿＿＿＿

二、专业名称：＿＿＿＿＿＿＿　　代码：＿＿＿＿＿＿

专业方向名称：＿＿＿＿＿＿

三、标准学制（修业年限）：＿年；弹性学制：＿～＿年

四、毕业学分：＿＿＿＿学分

五、授予学位：＿＿＿＿学士

六、培养目标

对本专业人才的基本素养、服务面向的专业领域、职业特征（可从事哪些工作）和人才定位（什么类型的专业人才）进行总体描述。

＿＿＿＿＿＿＿＿＿＿＿＿＿＿＿＿＿＿＿＿＿＿＿＿＿＿＿＿＿＿＿＿＿＿＿。

本专业毕业生具有以下目标预期：

1. ＿＿＿＿＿＿＿＿＿＿＿＿＿＿＿＿＿＿＿＿＿＿＿＿＿＿＿；

2. ＿＿＿＿＿＿＿＿＿＿＿＿＿＿＿＿＿＿＿＿＿＿＿＿＿＿＿；

3. ＿＿＿＿＿＿＿＿＿＿＿＿＿＿＿＿＿＿＿＿＿＿＿＿＿＿＿；

4. ＿＿＿＿＿＿＿＿＿＿＿＿＿＿＿＿＿＿＿＿＿＿＿＿＿＿＿；

5. ＿＿＿＿＿＿＿＿＿＿＿＿＿＿＿＿＿＿＿＿＿＿＿＿＿＿＿；

6. ＿＿＿＿＿＿＿＿＿＿＿＿＿＿＿＿＿＿＿＿＿＿＿＿＿＿＿。

填写要求：反映毕业生发展预期，体现专业特色和优势，即对本专业毕业生在毕业后 5 年左右能够达到的职业能力（包含专业能力和职业素养）和职业成就（包含职业发展和职业竞争力等）进行总体描述，建议 4～6 条。

七、毕业要求

毕业要求是对学生毕业时应掌握的知识、能力、素质的具体描述。应从学会认知、学会做事、学会做人、学会相处等方面凝练专业核心能力素质。

毕业要求 1. ＿＿＿＿＿＿＿＿＿＿＿＿＿＿＿＿＿＿＿＿＿＿＿；

毕业要求 2. ＿＿＿＿＿＿＿＿＿＿＿＿＿＿＿＿＿＿＿＿＿＿＿；

毕业要求 3. ＿＿＿＿＿＿＿＿＿＿＿＿＿＿＿＿＿＿＿＿＿＿＿；

……

上述毕业要求与培养目标的关联矩阵如表 A2 - 1 所示。

表 A2 − 1　　　　　　　　　　毕业要求与培养目标矩阵

毕业要求	培养目标 1	培养目标 2	培养目标 3	……
毕业要求 1	√			
毕业要求 2		√		
毕业要求 3				
毕业要求 4				
……				

注：毕业要求对培养目标有支撑作用的在相应单元格中打"√"。

　　毕业要求分解指标点如表 A2 − 2 所示：将本专业的毕业要求逐条细化为可落实、可评价、有逻辑性和专业特点的指标点（指标点不宜太粗或太细，3 ~ 4 条为宜）。为了对指标点清晰描述，建议参考布鲁姆教育目标分类法定义学生的预期学习成果。

表 A2 − 2　　　　　　　　　　毕业要求分解指标点

毕业要求	指标点
毕业要求 1：_____ _____	1 − 1：_____
	1 − 2：_____
	……
毕业要求 2：_____ _____	2 − 1：_____
	2 − 2：_____
	……
……	……

八、专业核心课程

　　_____；_____；_____；_____；_____（3 ~ 5 门）。

九、课程体系及学分学时分配（见表 A2 − 3）

表 A2 − 3　　　　　　　　　　课程体系及学时分配

课程类别		理论部分		实践部分		小计		
		学分	学时	学分	学时	学分	学时	学分比例
通识教育平台	必修课							
	选修课							
	小计							

续表

课程类别		理论部分		实践部分		小计		
		学分	学时	学分	学时	学分	学时	学分比例
专业教育平台	学科大类必修课							
	专业必修课							
	专业选修课							
	小计							
独立设置实践教学环节	分散实践教学环节							
	集中实践教学环节							
	小计							
合计								
毕业总学分								
实践教学环节总学分								
实践教学环节学分比例								
课内教学活动总学时								

注：1. 表 A2 – 3 中各项比例计算小数点后保留一位；

2. 实践教学环节总学分 = 理论教学环节中的实践教学学分 + 独立设置实践教学环节学分；

3. 实践教学环节学分比例 = 实践教学环节总学分/毕业总学分；

4. 课内教学活动总学时 = 通识教育平台课程合计学时 + 专业教育平台课程合计学时 + 分散实践教学环节合计学时。

十、课程体系与毕业要求的关联度矩阵（见表 A2 – 4）

表 A2 – 4　　　　　　　课程体系与毕业要求关联矩阵

课程	毕业要求1	毕业要求2	毕业要求3	毕业要求4	毕业要求5	毕业要求6	毕业要求7	毕业要求8	毕业要求9	毕业要求10	毕业要求11	毕业要求12
＿＿＿＿	H*	L										
＿＿＿＿		M										
＿＿＿＿	M	M										
＿＿＿＿	L											
……		H*										

注：所有必修课程都应在表中填列；H 代表课程对毕业要求高支撑；M 代表课程对毕业要求中支撑；L 代表课程对毕业要求低支撑；* 标记课程与每项毕业要求达成关联度最高的课程。

十一、课程体系支持毕业要求指标点的任务矩阵（见表 A2 – 5）

表 A2 – 5　　　　　　　课程体系支持毕业要求指标点的任务矩阵

课程		毕业要求 1			毕业要求 2			毕业要求 3			……	
		1 – 1	1 – 2	1 – 3	2 – 1	2 – 2	2 – 3	3 – 1	3 – 2	3 – 3		
通识教育必修课	＿＿											
	＿＿	√	√									
	……											
专业必修课	＿＿											
	＿＿											
	……											
实践环节必修课	＿＿											
	……											

注：所有必修课程都应在表中填列，模块化选修课程及专业特色课程由专业自选填列。每门课程对毕业要求指标点有支撑作用的在相应单元格中打"√"。

十二、教学计划（见表 A2 – 6）

表 A2 – 6　　　　　　　　　　　　教学计划

课程类别及性质		课程代码	课程名称/英文名称	学分	总学时	理论学时	实践学时	建议修读学期	考核方式	备注
通识教育	通识教育必修课程		＿＿							
			……							
		小计								
	通识教育选修课程	详见当学期开课目录								
		详见当学期开课目录								
		小计（每个学生应选修的最低学分）								
	合计									

续表

课程类别及性质			课程代码	课程名称/英文名称	学分	总学时	理论学时	实践学时	建议修读学期	考核方式	备注
专业教育	学科大类必修课程			——							
				……							
			小计								
	专业必修课程			——							
				……							
			小计								
	专业选修课程	方向/模块		——							
				……							
		非模块课程		——							
				……							
			小计（每个学生应选修的最低学分）								
	合计										
独立设置实践教学环节	分散实践教学环节	通识教育必修课程		——							
				……							
			小计								
		学科大类必修课程		——							
				……							
			小计								
		专业必修课程		——							
				……							
			小计								
		专业选修课程		——							
				……							
			小计（每个学生应选修的最低学分）								

续表

课程类别及性质			课程代码	课程名称/英文名称	学分	总学时	理论学时	实践学时	建议修读学期	考核方式	备注
独立设置实践教学环节	集中实践教学环节	通识教育必修课程		——							
				……							
			小计								
		学科大类必修课程		——							
				……							
			小计								
		专业必修课程		——							
				……							
			小计								
		专业选修课程		——							
				……							
			小计（每个学生应选修的最低学分）								
	合计										
总计											

十三、课程预修体系（见表 A2 – 7）

表 A2 – 7　　　　　　　　　　　课程预修体系

课程名称及代码	建议修读学期	预修课程 1（名称及代码）	预修课程 2（名称及代码）	预修课程 3（名称及代码）	……
课程：_____ 代码：_____					
课程：_____ 代码：_____					
课程：_____ 代码：_____					

续表

课程名称及代码	建议修读学期	预修课程 1 （名称及代码）	预修课程 2 （名称及代码）	预修课程 3 （名称及代码）	……
课程：_____ 代码：_____					
……					

注：建议修读学期填写示例："5"。

十四、必要说明

_____。

填写内容：主要包括培养方案说明、课程能力地图、改革举措和实施要点等。

3. 课程教学大纲示例

×××××课程大纲示例格式

课程类别：_____（如通识教育必修课程、通识教育选修课程、专业必修课程、专业选修课程等。）

课程代码：_____

课程名称：（中文）：_____

（英文）：_____

学时学分：_____学时；_____学分

预修课程：_____

适用专业：_____

开课部门：_____

一、课程的地位和目标

（一）课程具体目标

本课程为_____。（写明课程类别，如通识教育必修课程、通识教育选修课程、_____专业必修课程、_____专业核心课程、_____专业选修课程等。）

通过本课程的学习，学生能够达到以下目标：

1. 知识：_____。
2. 应用：_____。
3. 整合：_____。
4. 情感：_____。
5. 价值：_____。
6. 学习：_____。

填写要求与建议：

课程目标是学生通过本课程的学习，在知识、能力、情感态度与价值观等方面期望达到的程度水平。课程目标是确定课程内容、教学方法、考核方式的基础和依据，因此科学合理地制定每一门课程的课程目标至关重要。

每一门课程应根据有意义学习的六维分类框架，制定体现"学生中心"理念的、达到"支撑、覆盖、明确、可衡量"要求的课程目标。

1. 体现"学生中心"的理念。在撰写时避免出现"让学生""使学生""指导学生""帮助学生"等以教师为中心的词语，而应当以"学生"为主语，使用显性行为动词来表述，如学生能够描述、解释、分析、设计……

2. "支撑"的含义是课程目标应能够支撑某些毕业要求指标点，且对应支撑关系合理，实现毕业要求和课程目标的关联。

3. "覆盖"的含义是课程目标应基于有意义学习的六维分类框架，明确学生全面发展所要达到的预期水平。每一门理论类必修课程的课程目标必须覆盖知识、应用、整合、情感、价值、学习六个维度。每一门理论类选修课程的课程目标至少覆盖知识、应用、价值三个维度，其他维度根据课程内容、教学方法的特点确定是否覆盖。各维度的具体解释如表 A3 - 1 所示。

4. "明确"的含义是课程目标的描述应清晰准确，建议运用布鲁姆教育目标分类中不同层次的行为动词明确定义学生的预期学习成果，同一知识向度的目标以本课程应达到的最高阶动词为准（高阶目标会覆盖低阶目标，因此无须用低阶动词重复性描述）。常用动词和表述如表 A3 - 1 所示。课程目标层次高低的把握主要以该目标支撑的毕业要求所需的目标层次为准，在正常教学状态下应有 70% 的学生可以达成。

5. "可衡量"的含义是课程目标应可以通过某些考核方式进行测度和评价。

表 A3 - 1   课程大纲撰写教学元素支架

类别	解释	常用动词和表述（示例）	教学策略（示例）	评价方法（示例）
知识维度	理解、记住学科知识和信息	记忆层次：记住、辨认、列出、认识、界定、复述、描述；理解层次：转换、释义、表征、澄清、例证、例示、分类、概括、总结、推断、预测、对照、匹配、映射	➢充分利用课外时间 ➢提供不同类型的资源 ➢内容和课堂活动有关	√纸笔考试 √随堂提问 √课堂测验活动 √有标准答案的作业
应用维度	技能、思考能力、项目管理	应用层次：使用、执行、实施、操作、实践、解决；分析层次：选择、区别、聚焦、形成结构、整合内容、寻求一致、明确要义、语义分析；评价层次：检验、核查、监控、协调、判断、批判	➢提供充分的练习 ➢为练习提供反馈	√模拟情境 √项目（案例）展示、讨论活动 √写作 √课堂测验活动

续表

类别	解释	常用动词和表述（示例）	教学策略（示例）	评价方法（示例）
整合维度	将要素整合为一个内在一致或功能统一的整体	创造层次：联系、整合、生成、设计、构建、贯彻	➤学习不同主题/学科 ➤将观点、学习体验以及真实情景联系起来 ➤反思不同主体之间的联系	√案例分析：跨学科案例、问题的研究 √概念图 √开发/设计/制作作品
情感维度	认识自己、他人和社会，有意识地交流、合作	开始把自己看作……、决定开始……、和他人交流有关……、在……层面上理解他人、能在……和他人合作	➤让学生置身其中，体验自我感受和他人感受 ➤与他人交谈，发现他人感受 ➤结合感受反思个人成长以及与他人合作	√个人反思活动 √标准化问卷，如自信 √同伴评价 √教师评价
价值维度	产生或发展新的感受、兴趣和价值观，坚定了理想、信念	开始对……感兴趣/更感兴趣、树立了……责任意识、增强了……情怀、培养了……精神、坚定了……信念	➤让学生思考自己感觉和话题之间的关系 ➤让学生确定下一步行动计划	√个人反思活动 √标准化问卷 √同伴评价 √教师评价 √作品呈现
学习维度	学会更好学习、学科学习方法、自主学习能力	养成的……学习习惯、学会了……的学习方法、探索……主题的知识结构、成为自我导向的学习者	➤帮助学生更会学习 ➤制订未来学习计划 ➤学习信息检索筛选判断的方法	√个人反思活动 √合作学习项目的表现 √作业表现

（二）课程目标与毕业要求的关系（见表 A3 - 2）

表 A3 - 2　　　　　　　　　　　课程目标与毕业要求

课程目标	支撑的毕业要求	支撑的毕业要求指标点
1. 知识：_____	1. _____（H）	1 - 1 _____
		1 - 2 _____
2. 应用：_____		1 - 3 _____
3. 整合：_____	2. _____（M）	2 - 1 _____
		2 - 2 _____
……		

注：H 代表课程对毕业要求高支撑；M 代表课程对毕业要求中支撑。

填写要求：

1. 全校统一要求的通识教育课程在填写时，删除"支撑的毕业要求指标点"一列，"支撑的毕业要求"一列使用所在院校的通用毕业要求，明确本课程对通用毕业要求的支撑关系。各学院如有学院额外统一要求的通识教育课程，在填写时可以参照上述做法，也可以由学院协调明确本课程对具体各专业毕业要求的支撑关系。

2. 专业必修课程根据培养方案中本课程与毕业要求以及毕业要求分解的指标点之间的支撑关系填写，每一门专业必修课程至少高度支撑（H）一条毕业要求（高度支撑的含义是能够支撑某条毕业要求分解的全部或大多数指标点）。

3. 专业选修课程参照专业必修课程的理念和逻辑，明确本课程与毕业要求以及毕业要求分解的指标点之间的支撑关系，但不要求对毕业要求必须有高度支撑（H）的关系。

4. 为了便于课程目标达成度的评价，一个课程目标不宜支撑两条或更多的毕业要求（可以是一条毕业要求中的一个或多个指标点，如表 A3 - 2 中课程目标 3 支撑毕业要求 4，但不宜出现课程目标 3 既支撑毕业要求 4 同时也支撑毕业要求 5），一条毕业要求可以由多个课程教学目标来支撑（如表 A3 - 2 中毕业要求 3 由课程目标 1 和 2 共同支撑）。

二、与相关课程的联系与分工

_____。

填写要求：依据附录 2 中的表 A2 - 7，写明本课程的预修课程和后续课程，提出本课程在教学内容及教学环节等方面与相关课程的联系与分工，要处理好课程的预修内容和后续内容的衔接与过渡。

三、课程学习内容

（一）课程学习内容与课程目标的关系（见表 A3 - 3）

表 A3 - 3　　　　　　　　　　课程学习内容与课程目标关系

课程学习内容	学时安排				教学方法与学习活动	支撑的课程目标			
	理论	实践	上机	小计		1	2	3	…
第一单元：_____					_____（讲授法、案例教学、专题研讨、小组汇报等）	√			
第二单元：_____					_____		√		
第三单元：_____					_____			√	
……									
合计									

填写要求：

1. 课程学习内容按单元填写，不宜完全照搬某本教材的目录，而应从有效支持课程目标实现的角度出发，结合学生的初始能力、一般特征以及教学方法来设计教学内容，保证内容的深度、广度与课程目标的要求相匹配。这里的"单元"也可以是项目或任务。

2. 课程学时按单元填写。课程总学时以及理论、实践、上机的学时要与附录 2 中所列课程学时一致。

3. 教学方法与学习活动应针对学习内容的类型和特点，尤其要结合教学目标需达到的层次设计恰当的教学方法与学习活动。在某些内容需要采用讲授法之外，突出以"学"为中心，科学采用如项目教学法、案例教学法、体验式教学法、任务驱动教学法等激发学生学习兴趣的教学方法，引导学生通过自主学习、交流讨论、展示汇报、模拟实践等学习活动，促成学生学会做人、学会做事、学会相处、学会学习的能力与素质养成。教学方法与学习活动和不同教学目标之间的匹配可参考表 A3－1 中的教学策略。对于任课教师人数较多的通识教育必修课程，应当采取集体备课，共同讨论教学方法与学习活动，大纲此处填写多数教师认同和实施的教学方法与学习活动。如有教师的教学风格和班级情况出现较大差异的，在本着利于学生学习收获最大化的原则，任课教师可以在每学期教学文件中附加教学实施方案，其中对其实施的教学方法和学习活动加以说明。

4. 每一单元内容能够支撑的课程目标，在相应单元格中打"√"。学习内容、教学方式和学习活动应支持全部课程目标的实现。每一单元内容可以支撑多个课程目标，一个课程目标可以由若干单元内容支撑，对应关系需合理设计。

（二）课程学习的具体内容

第一单元：＿＿＿＿＿＿＿＿＿＿＿＿＿＿＿＿＿＿＿＿＿。

【学习目标】

1. ＿＿＿＿＿＿＿＿＿＿＿＿＿＿＿＿＿＿＿＿＿。

2. ＿＿＿＿＿＿＿＿＿＿＿＿＿＿＿＿＿＿＿＿＿。

3. ＿＿＿＿＿＿＿＿＿＿＿＿＿＿＿＿＿＿＿＿＿。

填写要求：参考表 A3－1 中的常用动词和表述，结合课程具体内容来描述。

【学习内容】

1. ＿＿＿＿＿＿＿＿＿＿＿＿＿＿＿＿＿＿＿＿＿。

2. ＿＿＿＿＿＿＿＿＿＿＿＿＿＿＿＿＿＿＿＿＿。

3. ＿＿＿＿＿＿＿＿＿＿＿＿＿＿＿＿＿＿＿＿＿。

……

填写要求：列举本单元主要学习内容。

【学习重点】

1. _____。

2. _____。

……

填写要求：列举本单元学习内容的重点。

【学习难点】

1. _____。

2. _____。

……

填写要求：列举本单元学习内容的难点。

【教学方法与学习活动】

1. 通过_____的讲授，阐明_____，养成_____。

2. 通过案例分析，突出_____，学会_____。

3. 通过小组合作学习，树立_____，发展_____。

4. 通过课堂汇报和课堂辩论，强化_____，锻炼_____。

5. 通过自主学习，能够辨识_____，获取_____。

……

填写要求：针对学习内容所对应的目标，设计教学方法和学习活动，如讲授法、专题研讨、案例教学、实验、实地调研、自主学习等，说明学生在教师的指导下，通过某种教学方法开展怎样的学习活动，取得哪些学习成果。行文示例如上。

【课外学习】不少于_____学时。

1. _____。

2. _____。

……

填写要求：

1. 课外学习按其用时与课堂学时不少于 1.5∶1 的原则布置。

2. 瞄准本单元学习目标，根据课程性质和需要对学生自主学习的内容、途径、方法、成果等做出说明，例如，阅读、习题、实践、慕课等学习途径及内容，读书笔记、调查报告、创作作品等学习成果的形式和数量要求。

3. 考虑因材施教，对不同接受程度的学生可以提出不同的要求。

第二单元：_____。

……

四、课程学习资源

（一）选用教材

1.《_____》，_____编著，_____出版社，_____年第___版。

（二）参考资料

1.《_____》，_____编著，_____出版社，_____年第___版。

2. _____平台的_____课程，_____大学_____主讲。

3. ……

填写要求：

1. 应明确列出本课程选用的教材。优先选用"马克思主义理论研究和建设工程"重点教材、国家及部委规划教材、省部级以上获奖教材。

2. 参考资料包括辅助教材、阅读教材、教学指导书、案例集、习题集、网络学习资源、相关学术刊物等。专业核心课程须提供不少于 3 部的课程必读书目（著作）。

3. 鼓励遴选优质在线开放课程学习资源（提供课程名称及所在平台的名称），开展线上线下混合式教学。

五、课程考核方式

本课程为考试/考查课。考核方式分为过程性考核和终结性考核，其中过程性考核构成平时成绩，占总评成绩的___%，终结性考核形成期末成绩，占总评成绩的___%。过程性考核包括_____、_____、_____、_____、……，在平时成绩中的占比分别为___%、___%、___%、___%、……。

本课程的考核方式、内容、相应权重与对应评价的课程目标汇总如表 A3 - 4 所示。

表 A3 - 4　　　　　　　　　课程目标汇总

考核方式		考核内容	所属单元	占比	占比	课程目标			
						1	2	3	…
过程性考核	_____	_____	一、三	___%	___%	√		√	
				___%				√	
	……	_____		___%			√		
	小计			100%					
终结性考核	_____	_____			___%	√	√		
合计					100%				

填写要求：

1. 明确说明课程采用考核方式是"考试"还是"考查"，并应与附录 2 表 A2 – 6 中的要求一致。

2. 课程考核方式和考核内容应针对课程目标进行设计，能够有效证明课程目标的达成情况，注意知识考核、能力考核和素质考核并重。考核方式和不同教学目标之间的匹配可参考表 A3 – 1 中的评价方法。每种考核方式对应的课程目标，在相应单元格中打"√"。每个课程目标至少有一种考核方式实施评价，一种考核方式可以评价多个课程目标。

3. 课程考核方式分为过程性考核和终结性考核。每门课程应设计合理的、多维度的过程性考核方式，可以包括课堂表现、平时作业、阶段性测试、调研报告等；终结性考核根据课程性质和特点，可以采用闭卷考试或课程论文、作品设计等。过程性考核旨在通过检查与跟踪学生的阶段性学习成果与学习状态，分析其中存在的问题与成因，并及时反馈到教学实施过程，予以改进和补救，促进课程教学目标的渐进式达成，应注意考核方式多样化和考核时间全程化；终结性考核是判断学生在完成课程学习后，是否实现了学习成果。

4. 不同考核方式涉及的考核内容可以侧重于不同的单元，学生对每单元内容的学习成果至少有一种考核方式实施检测评价。每种考核方式的权重与考核内容支持课程目标的重要程度相匹配。

六、成绩评定方式

本课程各种考核方式的具体成绩评定方式如下：

1. ＿＿＿＿＿＿＿＿＿＿＿（考核方式）

＿＿＿＿＿＿＿＿＿＿＿＿＿＿＿＿＿＿＿＿＿＿＿＿＿＿＿＿＿（描述评定方式）。

2. ＿＿＿＿＿＿＿＿＿＿＿（考核方式）

＿＿＿＿＿＿＿＿＿＿＿＿＿＿＿＿＿＿＿＿＿＿＿＿＿＿＿＿＿（描述评定方式）。

3. ＿＿＿＿＿＿＿＿＿＿＿（考核方式）

＿＿＿＿＿＿＿＿＿＿＿＿＿＿＿＿＿＿＿＿＿＿＿＿＿＿＿＿＿（描述评定方式）。

……

填写要求：

对每种考核方式均应描述清楚评定成绩的依据和标准。

1. 对于学习态度、行为、表现方面的考核方式，例如，出勤、课堂互动、课外学习等示例如下（仅供参考，应根据课程特点和需求描述）。

出勤。本项考核依据考勤记录，满分是 100 分。对于旷课、迟到早退、病事假等缺勤情况的成绩评定标准为：无故旷课 5 节课或者有请假但累计缺勤达到本课程的 1/3 学时的，取消本课程的考试资格。迟到早退在 15 分钟以内的，3 次视同缺勤 1 节课，迟到早退超过 15 分钟的视同缺勤 1 节课。每缺勤 1 节课，将在出勤成绩中扣减 3 分。

2. 对于统一题目且有标准答案的考核方式，例如，某些作业、阶段测验、期末闭卷考试等示例如下（仅供参考，应根据课程特点和需求描述）。

作业。本项考核方式的依据是学生完成提交的 4 次作业，每次满分 25 分，合计满分 100 分。每次作业根据其标准答案和相应分值进行成绩评定。

期末闭卷考试。本项考核方式的依据是学生期末完成闭卷考试的试卷，满分 100 分。根据试题的标准答案和相应分值进行成绩评定。

3. 对于没有标准答案的考核方式建议使用评价量规表，格式示例如表 A3 - 5 所示（仅供参考，应根据课程特点和需求描述）。

案例分析展示交流。本项考核方式的依据是学生完成一份关于_____的案例分析报告，并在课上做 10 分钟的展示交流，满分 100 分。评价要素的具体要求如表 A3 - 5 所示。

表 A3 - 5　　　　　　　　　　评价要素要求

评价要素	权重	90~100 分	80~90 分	70~80 分	60~70 分	60 分以下
1. _____	___%	_____	_____	_____	_____	_____
2. _____	___%	_____	……	……	……	……
3. _____	___%	_____	……	……	……	……
……	___%	……	……	……	……	……

注：表中成绩等级的分数区间可以根据课程特点和需求自行调整，但一般建议采用 3 级以上的奇数级量表，即将分数等级分为 3、5、7…级。

七、其他说明

填写要求：对学生学习本课程比较重要，但在前面各项中无处做出说明的内容，可以在这里陈述。例如，学生如果要学好本课程应注意什么，在哪些方面需做出格外的努力，以及可以通过哪些渠道、方式寻求学习上的帮助等。

参 考 文 献

[1] 鲍威. 学生眼中的高等院校教学质量 [J]. 现代大学教育, 2007 (4): 16 - 22.

[2] 北京联合大学商务学院 AACSB 认证第三方评价与数据举证报告 (2017) [R]. 麦可思数据有限公司, 2017.

[3] 毕文健, 顾永安. 产教融合发展背景下地方本科院校行业学院人才培养改革路径研究 [J]. 教育评论, 2019 (5): 74 - 78.

[4] 才宇舟, 赵慧娥. 培养跨文化交际能力, 提升商科大学生的职业力 [J]. 辽宁广播电视大学学报, 2010 (1): 38 - 40.

[5] 陈晖. 供应链背景下产教融合共育新商科人才的实践探索——以厦门华厦学院为例 [J]. 物流工程与管理, 2018, 40 (10): 145 - 146, 155.

[6] 陈建斌, 郑丽. 国际化视阈下商界骨干培养模式探究 [J]. 北京教育 (高教), 2019 (1): 66 - 69.

[7] 陈荔. 基于 AACSB 认证的上理 MBA 教育国际化发展策略研究 [J]. 大众文艺, 2019 (11): 210 - 211.

[8] 陈威, 胡恩明, 潘邦金. 高等教育质量保证模式的起源和发展 [J]. 中国经工教育, 1999 (4): 14 - 16.

[9] 陈威. 高等教育质量的理论研巧 [EB/OL]. http://www.china.com.cn/zhuanti2005/txt/2004 - 39/content - 5658901.htm.

[10] 代文彬, 张伟, 华欣. "以学习者为中心" 的商科人才培养模式研究 [J]. 教育评论, 2019 (4): 135 - 139.

[11] E. G. 博格, 赵炬明. 追寻美国高等教育之魂 [J]. 复旦教育论坛, 2004 (1): 69 - 71.

[12] 范巧, 胡伟清. 需方视角下的经济管理类大学生实践能力研究 [J]. 教学研究, 2010 (5): 23 - 28.

[13] 菲利普·库姆斯. 世界教育危机 [M]. 赵宝恒译. 北京: 人民教育出版社, 2001: 114.

[14] 耿秀丽. 基于 AACSB 认证 AoL 体系的基础工业工程课程考核体系设计

［C］. 高水平应用型院校商学院国际化建设研究联盟 2019 年论文集征文，2019.

　　［15］郭慧馨. 基于 AACSB 的教学质量保证体系的市场营销案例教学研究［J］. 教育现代化，2017，4（42）：164 – 165.

　　［16］郭欣. 教育制度对高校人才培养质量的影响研究——基于制度理论［D］. 大连理工高校博士学位论文，2012（12）.

　　［17］贺金玉. 地方新建本科院校在建设高教强国进程中的历史使命［J］. 国家教育行政学院学报，2012（9）：7 – 11.

　　［18］贺金玉. 谈新建地方本科院校定位与发展战略［EB/OL］. http：// dfdx. bjut. edu. cn/.

　　［19］胡延吉，梁红. 大学生和用人单位对毕业生能力期望的认知及其启示［J］. 现代教育科学，2013（3）：1 – 5.

　　［20］季皓. AACSB 视角下教学品质保障体系研究［J］. 黑龙江教育（高教研究与评估），2017（5）：66 – 67.

　　［21］季皓. 对 AACSB 认证标准的理解及对财会类专业的启示［J］. 教育教学论坛，2017（8）：75 – 76.

　　［22］贾秀丽. 历史变迁视阈下新商科教育发展研究［J］. 中国乡镇企业会计，2018（9）：283 – 285.

　　［23］兰玲. 提升本科院校人才培养质量的思考［J］. 江苏高教，2010（6）：70 – 71.

　　［24］雷云. 跨境电商人才培养质量提升策略研究——基于 CIPP 评价视角［J］. 邢台职业技术学院学报，2019，36（2）：17 – 24.

　　［25］李国明，朱迎玲. 论我国现代高等教育质量观的演变过程［J］. 教育与职业，2011（2）：188 – 189.

　　［26］李著成，秦立栓，孙长宾，姜凌，马光. 基于 AACSB 认证的“六位一体”实验教学体系研究与实践［J］. 实验技术与管理，2017，34（3）：190 – 193.

　　［27］廉政，金立艳，陈燕飞，余会荣. OBE 导向下高职院校人才培养质量体系研究［J］. 管理观察，2019（17）：139 – 140.

　　［28］岭南大学［EB/OL］. https：//baike. baidu. com/item/岭南大学/9215350? fromtitle = 香港岭南大学 &fromid =65845368&fr = aladdin.

　　［29］刘丽玲，吴娇. 大学毕业生就业能力研究——基于对管理类和经济类大学毕业生的调查［J］. 教育研究，2010（3）：82 – 89.

　　［30］刘芹，郭晓辉，郏玲玲. AACSB 认证视角下国际化师资队伍培育路径研究［J］. 经济研究导刊，2019（14）：88 – 90.

［31］刘勤明．基于 AoL 视角的应用型本科工业工程专业课程体系建设［C］．高水平应用型院校商学院国际化建设研究联盟 2019 年论文集征文，2019.

［32］刘琼玉，钱同惠．学科评估视角下地方高校研究生培养质量体系的构建［J］．现代教育科学，2019（4）：142－145，151.

［33］刘松鸽，李思志．浅析 2013 版 AACSB 标准及其对商学教育的启示［J］．上海管理科学，2014（4）：109－112.

［34］刘晓伟，陈晓蓉．高校人才培养质量保障体系的理论构建［J］．教育学术月刊，2011（7）：35－37.

［35］刘新颖．基于 AACSB 认证的 AoL 体系的建立与运行——以会计学专业为例［J］．财会通讯，2018（25）：39－41.

［36］刘阳，马爱民．AACSB 认证新标准的基本框架与特点分析［J］．上海教育评估研究，2014（12）：23－27.

［37］卢彰诚．"互联网＋"时代产教深度融合的新商科人才培养模式研究［J］．科教文汇（下旬刊），2018（1）：95－97.

［38］陆江东，颜莉霞．高职商科类学生通用能力培养途径探析［J］．中国市场，2012（6）：127－129.

［39］马万民．高等教育人才培养质量评价模型研究［J］．中国软科学，2008（8）：153－156.

［40］马骁，谭洪涛．建设一流商科：AACSB 认证与我国新财经教育［J］．中国大学教学，2019（4）：58－66.

［41］莫晓．"双创"时代产教融合的新商科人才培养模式研究［J］．才智，2019（3）：118，120.

［42］彭贞贞，李坚，马骥．高校人才培养质量评价研究综述［J］．教育教学论坛，2014（12）：105－106.

［43］上海理工大学管理学院学院简介［EB/OL］．［2014－03］．http：//bs. usst. edu. cn/xygk/list. htm.

［44］上海理工大学学校概况［EB/OL］．［2014－03］．http：//www. usst. edu. cn/xxgk_392/list. htm.

［45］沈爱琴．对高等教育人才质量中"质"的多元培养途径的探析［J］．黑龙江高教研究，2008（7）：99－101.

［46］苏凯新．精益创业教育与专业教育融合的大商科创业型人才培养探索［J］．长春师范大学学报，2019，38（3）：165－168.

［47］孙崇正，肖念，金保华．改革开放从来我国高等教育人才培养质量观的演进与启示［J］．清华大学教育研究，2009，30（2）：48－53.

[48] 孙董. 地方本科高校人才培养特色范式研究 [D]. 哈尔滨：哈尔滨工业大学, 2012.

[49] 孙桂生, 刘立国. 创新创业型人才培养的探索与实践——以北京联合大学商务学院为例 [J]. 中国高校科技, 2016 (12).

[50] 孙晖. 基于 AACSB 认证新标准的本科教育研究 [J]. 吉林省教育学院学报, 2019, 35 (4): 22 - 25.

[51] 孙维伟. AACSB 认证驱动下大学生创新精神培养的研究——基于保险学专业学生的调查分析 [J]. 教育现代化, 2018, 5 (50): 70 - 71.

[52] 孙泽平, 何万国. 新建本科院校的人才培养质量标准探析 [J]. 教育探索, 2010 (11): 79 - 80.

[53] 天主教辅仁大学管理学院学院介绍 [EB/OL]. [2014 - 03]. http: //www. fju. edu. tw/academics. jsp? labelID = 10.

[54] 天主教辅仁大学学校介绍 [EB/OL]. [2014 - 03]. http: //www. fju. edu. tw/aboutFju. jsp? labelID = 1.

[55] 田娟娟. 新商科背景下金融学专业人才培养探讨 [J]. 合作经济与科技, 2019 (4): 112 - 113.

[56] 托斯坦·胡森, 施良方. 论教育质量 [J]. 华东师范高校学报, 1987 (3): 16 - 19.

[57] 王前新. 新建本科院校 SWOT 分析与战略对策 [J]. 荆门职业技术学院学报教育学刊, 2007 (7): 29 - 33.

[58] 王一川. 对研究型高校提高本科人才培养质量的思考 [J]. 中国高等教育, 2007 (7): 41 - 42.

[59] 韦冬萍, 韦剑锋, 陈小冰. 高校人才培养的特征及科学人才培养质量观的构建 [J]. 高教学刊, 2015 (17): 54 - 55.

[60] 吴宣. 提高大学本科人才培养质量的思考 [J]. 北京交通大学学报 (社会科学版), 2011, 10 (2): 109 - 113.

[61] 香港岭南大学商学院. 使命愿景价值追求 [EB/OL]. [2019 - 05] https: //www. ln. edu. hk/fb/message/statement. php.

[62] 谢斌, 姚利民. 试析影响高校人才培养质量的因素 [J]. 吉林教育科学·高教研究, 1998 (4): 17 - 20, 44.

[63] 熊志翔. 新建本科院校的 "新建期" 探析 [J]. 高等探索, 2007 (1): 13 - 18.

[64] 徐超富. 大众化条件下高等教育质量保障体系研究 [M]. 长沙：湖南师范高校出版社, 2008.

[65] 许宁宁. 基于 AACSB 学习质量保障体系 AoL 的审计课程建设研究 [J]. 中小企业管理与科技（下旬刊），2018（12）：90-91.

[66] 薛光. 高等教育人才培养质量问题的研究 [J]. 辽宁教育研究，2002（1）：49-51.

[67] 杨丽莎. 产教融合模式的工科创新创业人才培养研究 [J]. 现代营销（经营版），2019（7）：35-36.

[68] 杨同毅. 高等学校人才培养质量的生态学解析 [D]. 武汉：华中科技大学，2010.

[69] 杨伟军，欧阳文，刘绍勤. 构建大学人才培养质量保障体系的追求与实践 [J]. 中国大学教学，2012（8）：66-68.

[70] 叶信治. 走出高校教学盲点，提高人才培养质量 [J]. 中国高等教育，2012（19）：45-47.

[71] 余宏亮，刘学忠. 论大学人才培养质量根本标准的核心内涵 [J]. 中国大学教学，2013（10）：71-75.

[72] 翟晶. 地方商学院使命形成的路径研究——以北京联合大学商务学院为例 [J]. 管理观察，2017（9）：79-81.

[73] 翟晶. 依托 AACSB 国际认证推进地方商学院内部治理的现代化 [J]. 高教学刊，2017（10）：137-138.

[74] 张洁. 高等商学教育国际标准的变化趋势——AACSB 新标准对中国商学教育的启示 [J]. 上海管理科学，2013（6）：93-97.

[75] 张其亮. 关于提升高校人才培养质量的几点思考 [J]. 中国高等教育，2009（13、14）：67-68.

[76] 张昕瑞. 上海理工大学管理学院 AoL 分享 [C]. 在"高水平应用型院校商学院国际化建设研究联盟"之教学质量保证体系（AoL）建设与实施学术研讨会发言. 北京：2019，7.

[77] 张秀琴，李永平，刘云利. 地方本科院校人才培养方案的优化与管理 [J]. 高教论坛，2010（2）：51-53.

[78] 赵海峰. 应用型本科院校的商科人才培养模式 [J]. 高等教育研究，2012（4）：88-92.

[79] 赵琳，史静寰，等. 高等教育质量的院校类型及区域差异分析——兼论我国高等教育资源配置格局与质量格局 [J]. 清华大学教育研究，2012（5）：1-12.

[80] 赵叶珠，程海霞. 欧洲新学位制度下"商科"能力标准及课程体系 [J]. 中国大学教学，2016（8）：89-93.

［81］郑家茂，张胤. 适应与发展：建构多维视角下的当代本科人才培养质量观［J］. 中国大学教学，2008（6）：4－11.

［82］郑丽，薛云，黄金燕. 他山之石可以攻玉——从 AACSB 国际商科认证视角看高校干部队伍建设［J］. 中国教育技术装备，2017（24）：158－160.

［83］郑丽，杨宜，翟晶. 国际商科认证视角下学习品质保障（AoL）体系的构建［J］. 黑龙江教育（高教研究与评估），2018（8）：46－49.

［84］郑丽. 商科学生通用能力评价量规的研究与设计［J］. 上海教育评估研究，2019，8（1）：1－5.

［85］智路平，谢伟. 商学院进行 AACSB 国际认证与学科建设的协同发展机理研究——以上海理工大学管理学院为例［J］. 高教学刊，2019（14）：21－23.

［86］周博，王若璇，于跃. 国际认证对本科教学质量监控体系的借鉴与促进——以对外经济贸易大学国际商学院为例［J］. 北京教育（高教），2019（4）：80－83.

［87］周小理，姜超. 基于发展质量观的新建本科院校人才培养与评价［J］. 中国高等教育评估，2013（2）：53－56.

［88］AACSB Accreditation Standards［EB/OL］. http：//www. aacsb. edu/accreditation/standards.

［89］AACSB International. Business Standards［EB/OL］.［2013. 10］. https：//www. aacsb. edu/accreditation/standards/business 2013. 10.

［90］AACSB International. INITIAL ACCREDITATION HANDBOOK［EB/OL］.［2013－10］. https：//www. AACSB. edu. 香港岭南大学. 岭大简介－香港的博雅大学［EB/OL］.［2019－05］. https：//www. ln. edu. hk/chs/about-lu/introducing-lingnan.

［91］Diana Green，What is Quality in Higher Education？［M］. London：the SRHE and Open UniversityPress，1994：3－21.

［92］E Grady. The Evidence for Quality：Strengthening the Tests of Academic and Administrative Effeetivenees［J］. The Journed of Higher Education，2016，65（5）：639－640.

［93］Eileen Peacock，K. K. Wei. Lingnan BBA AoL Report［R］. Assurance of Learning Seminar，2013（12）.

［94］John Sizer. Defining Quality［J］. Assessment and Evaluation，1993（18）.